假如我們什麼都不怕

周耀輝

enlighten & fish 亮光文化

假如我們什麼都怕

文潔華
香港都會大學人文及社科學院講座教授

我從未懷疑過周耀輝弟兄的日子過得很精彩，但這書道明了關於他的另一些面相，豁達，敏銳，聰明。

他說得對，我們什麼都怕，數量也遠遠超過A-Z的廿六個範疇。周耀輝並且說我們害怕的所有事情，都必然會像我們所恐懼的，如此這樣的發生。他甚至沒有討論我們可以如何減少恐懼，包括我們經已失去了的某些天真、想像、盼望……

他不是在調侃，而是間接引用了蘇格拉底：我們害怕，因為我們無知。世間最可怕的不是失去，而是我們未能把握幸福。哲學家不論是理性主義者或經驗主義者，都為人們的恐懼作出補充。譬如康德提醒說，別忘了世間那兩件震撼人們心靈的事情：一是我們心中崇高的道德標準；另一是我們頭頂上的燦爛的星空。

又譬如休謨說的：怕也罷、愛也罷，我們的思想、感覺和所有的觀察，包括終於發生了的，無非都是在領悟。

害怕之後，記緊要保持精神健康。談恐懼怎能不提放佛洛伊德？此人説精神健康的人，總是在努力工作和愛人，只要能做到這兩件事，其他的便沒有什麼困難或值得害怕的。他還説了這句：寧願任由自己害怕，也不要亂存奢望。原來周耀輝也是佛系的。

我繼續在每個晚上看恐怖片和驚悚片，由新聞台到串流平台。我在領悟：我怕，我存在。

謝謝耀輝的文字與智慧，繼續和我們一起領悟。

（假如）我（們）什麼都（不）怕

李焯雄
作家、金曲獎最佳作詞人

1.（假如）

我覺得我有責任認真的抄一次篇名，並且先隱去那些「醫學術語」。

A　　　〈無數蜘蛛，何處找人〉

B　　　〈之間〉

C　　　〈什麼都不怕，很可怕〉

D　　　〈蛀牙、性生活、垂直的街道〉

E　　　〈EEEEEEEEEEEEEE／FXXXXXXXXXXXX〉

F　　　〈一雙貓眼、一腔熱情、幾隻爛水果〉

G　　　〈跪下來求婚，站起來演說〉

H　　　〈千字，異性，手背長滿鱗片〉

I　　　〈包在報紙裡的魚咬人〉

J/K　　〈蟑螂是非常成功的〉

L　　　〈自右、和諧、棄暗投明〉

M　　　〈軟硬、大小、長短〉

N　　　〈不敢回家的三個人〉

O　　　〈肚臍鑽出一條蛇像8〉

只要讀，不要怕。《假如我們什麼都不怕》是周耀輝以「恐懼」為名、以「A-Z辭典」為體的創作，形式也是內容，天馬行空，想像力清奇，睿智中又機靈狡點，如同他的歌詞。這次他創立人物，虛擬情節，添補對白，更多的是詼諧戲謔，充滿黑色幽默，善用每一個「假如」，非常好玩。

我甚至猶疑要不要稱本書為「散文」。

《假如我們什麼都不怕》裡20篇作品，其實很有「小說」的味道。書裡「我身邊的人」或「朋友的朋友」都是恐懼症的「病友」，真作假時假當真，基本上都像是卡夫卡或博爾赫斯的短篇裡會出現的白描式人物，各有寓意。

《假如我們什麼都不怕》是專欄結集，周耀輝也活用「連載」的形式，不乏章回小說的前後互文，像〈G 跪下來求婚，站起來演説〉裡的G4患了"Glossophobia"，要到了〈H 千字，異性，手背長滿鱗片〉才正式説明這是「演説恐懼症」。〈J/K 蟑螂是非常成功的〉，利用連載的時間區間，敍述的「我」又渾然不覺地變成了「我們」。

書中更堪玩味的是敍述者的「我」，「我」也有角色扮演，隱隱然有虛線前後貫穿。開篇〈A 無數蜘蛛，何處找人〉的時候，「我」像是不太介入的主持人，只介紹「病友」輪番登場，終場的〈Y/Z 本外/人獸〉裡的「我」，自己也需要去看心理醫生。這番假面的告白，坦承「我」何嘗不是「病人」之一，芸芸眾生之一：「假如我們什麼都不怕。/但，事到如今，我不得不承認，這句話與其説是想像不如説是奢望。我奢望我能無懼地生活，但，我什麼都害怕，我害怕開始，我害怕結束，我害怕開始時想到結束，我害怕結束時想到開始。/於是，我想到開始寫A時我答應自己的：當我寫到Z最後一篇的時候，我必須鼓起勇氣，跑去找個心理醫生叫他好好幫我克服我一直不敢面對的。」

「我」，其實離不開「我們」。無「本」沒有「外」，無「人」，怎樣區分「獸」？

2.我（們）

（假如）我們什麼都（不）怕。

假如我（們）什麼都（不）怕。

刪掉「假如」，刪掉「不」，就是「我們什麼都怕」。

「怕」或「不怕」，也許不過是一體的兩面，恐懼的核心，其實是怕「我」被「我們」刪掉。

我們真正懼怕的是自己與別人不同，突然發現自己被劃在外面，被差別對待。《假如我們什麼都不怕》結束在"Zoophobia"「害怕動物」，醫生說：「不瞞你說，我覺得我最害怕的，其實，是人」：那種「大眾」碾壓「小眾」，那種讓「我」被劃在「外」，無法抱團的，人。

《假如我們什麼都不怕》以病為題，寫的是人。讀完你不一定能記得那些拉丁詞根的病名（Hippopotomonstrosesquipedaliophobia？！），但你會記得害怕背《千字文》的H1，不記得什麼是"Medomalacuphobia"，但你會記得地產大亨M1的那句話：「建築是堅挺的」。還分不清何謂"Ichthyophobia"、"Iophobia"，但你會記得「發現男朋友愛上自己害怕的東西」的哀傷的I1。

〈N不敢回家的三個人〉裡各有各的恐懼，又不無關聯。「Nomatophobia害怕名字」的N1，不記得人名，但她問的是「人為何要從萬物中分別出來？」：「蝶是蝶，花是花，雨是雨，世上萬物有的大多是種類的名字，不是個別的名字，惟有人，人人都有自己的名字，N1說，為什麼？」。N2患的是「Nostophobia恐家症」，當爸媽不再是熟悉的爸媽，家鄉不再是安心的地方，說的其實是「名實不符」。「Novercaphobia後母恐懼症」的N3，小學時候無心的一聲「姨姨」，便把後母的「媽媽」身分，劃上了一道傷痕，說的是還是「分別心」，不論是自己的，還是他人的。

3.什麼

〈無數蜘蛛，何處找人〉

〈一雙貓眼、一腔熱情、幾隻爛水果〉

〈跪下來求婚，站起來演說〉

〈包在報紙裡的魚咬人〉

〈肚臍鑽出一條蛇像8〉

〈X光叫蟾蜍長滿皺紋〉

意想不到的字詞搭配，光是題目已經教人過目難忘。

　　假如我們什麼都不怕

「這個魚市場保留著用舊報紙包魚的習慣，後來I2回家把報紙打開，鮮血剛好印在一張頭像上，血肉模糊。」（〈I 包在報紙裡的魚咬人〉）

「E1是學生會的秘書，入場時，負責招待穿著白色長裙的女同學馬上上前替他別上襟花。她站得很近，連脖子上的血管都看到了，忽然他胸口一痛，顯然被襟花的別針刺到了，本能地一動，結果別針刺到女同學的指頭裡，血冒出來，圓圓的，從小到大，淌到白裙上。」（〈E EEEEEEEEEEEE /FXXXXXXXXXXXXX〉）

「那一年的夏天特別熱，他在街上跑了一身汗回家後如常打開冰箱打算拿罐汽水，撲面而來的竟是一股惡臭。冰箱不知何時壞了，裡面的食物也同時壞了。少年人多愁善感，F3看著微黃燈光下的幾隻爛水果，不單想起在網上看過的塞尚靜態畫《髑髏金字塔》，更想到現代人何其依賴冷凍科技，我們真脆弱啊，於是便害怕起來，避開空調避開冰箱。」（同上）

《假如我們什麼都不怕》把恐懼寫得又荒誕，又綺麗。

「怎麼寫」，比「寫什麼」重要。

不必高大上。唬人的，往往都不會教人害怕。

4.都

「都」的本義是「都城」，後來有了「全部」的意思。

《假如我們什麼都不怕》的A-Z，形式上是「辭條」，但這是「問題之書」，沒有百科全書式的，嘗試全部都解答。周耀輝很多時候只是發問，讓觀點自相矛盾，讓繆誤自己浮現。他未嘗不自知這也許是最好的策略。像〈U/V/W 女巫不用文字想像天堂〉裡，「我」對「文字恐懼症Verbophobia」的V那樣：「於是我發了一個我認為永遠有效的問題：為什麼？」

〈Q/R X光叫蟾蜍長滿皺紋〉中有引用Alice in Chains的歌詞：「朋友對你來說，是什麼意思？/兩個如此被錯用被濫用的字/你是否和我一樣感到迷惘⋯⋯」，把「朋友」換成待填的口口，是不是馬上就是可以變成在IG為《假如我們什麼都不怕》打書的濾鏡？可以套進一切的恐懼，或人生。

問對問題，很多時候比提供錯的答案管用。

何況，《假如我們什麼都不怕》的「我」也不是全無偏見。

在〈E EEEEEEEEEEEEE/FXXXXXXXXXXXX〉與〈F 一雙貓眼、一腔熱情、幾隻爛水果〉，「我」不止一次可憐起字母「F」，因為「F像一隻殘

缺的E，看來頭重腳輕，岌岌可危——怎麼我忽然想起falv來——不，我只想說F很可憐，怪不得以F為首的恐懼症那麼少，只有四種。」

咦E，周耀輝好像忘了「輝」的英文拼音不就是「F」開頭？

5. (不) 怕

「化恐懼為力量，一起作反。他們認為如此才是反恐。」（〈L 自右、和諧、棄暗投明〉）

我卻期待更周耀輝讓什麼都不怕的C1，遇見什麼都怕的P3，「Counterphobia恐懼沒有恐懼症的恐懼症」cross over「Phobophobia恐懼恐懼本身的恐懼症」。

這也許會是另外一本塔羅牌式的《命運交叉的城堡》。

天生下來一堆怕

麥浚龍

男歌手、電影演員、導演、監製

相識一個二十年，我的曲目他寫詞。

今天，他的書籍我寫序。

人生在世籠內鳥，

有幸青澀怒放之時遇上這位知己，伴我尋到了我的雛形。

這個人從不準時，應該這樣說，他筆下的文字從來有早冇遲*。

這個人的溫度會感染別人。

誘發了我的叛逆，教曉了我（們），「離經叛道」不叫壞。

高踭鬚根*不叫怪，在世的，直立之際有點歪。

如有幸人生在世一個百年，萬變不離左彳右亍，吸氣呼氣，左亍右彳，呼氣吸氣。

懂擋冷酷而不死，寫下酷兒的印記。

這個序，離提交之時仍有位置，序中送來的溫度，同樣不準時，只能這樣說，送他的，同樣有早冇遲。

*

---

* 有早冇遲：有早到而不會遲到；表達一定「有」的決心

* 高踭鬚根：即高跟鞋及留鬍渣

假如我們什麼都不怕，

怕，怕什麼？

天生下來一堆怕。

怕愛怕餓怕痛怕傷怕冷怕熱怕悶怕嘈怕光怕黑怕山怕海怕昆蟲。

怕忠怕孝怕仁怕義。

怕生怕死怕沒時。

怕半生不死，更怕半死不生。

怕本命更怕非命，怕已知更怕一堆堆的未知。

包袱不分好壞，好的壞的都是包袱。

一堆堆知識，是否教我們學會收集一堆又一堆怕。

怕，是人生最強而最無形的阻力。

怕流汗，那最好不要動。

怕淚掉，那最好不要愛。

很多事情我都怕，不過我更怕本末倒置，最怕本末倒置地去怕。

凡人總怕萬物結帳之時，會問心一句，那為何開始？

也許我更怕「怕」這個字。

從小到大都怕打針。認識我的醫生們，儘量都會安排我在無人時段為我看診，原因不屬什麼「知名人士的優待」，亦不屬什麼不可見天的奇難雜症，而是純粹怕我影響到他們直接的商業利益。怕過程中每一次的尖聲呼叫，嚇走了所有其他病人。

這個情況常常發生，於診所等候室等候時見人頭滿滿，完成後見等候室人頭空空。

也許，有我這個病人，屬醫者的倒楣天。

我怕他時他怕我。

*

畏懼，天生下來一堆怕。

到底「假如我們什麼都不怕」這句話，是存活於紙上文字的威風，還是內心顫抖的反話，學會學不會，又或有天終於煉成之際才覺時日已晚。

靈魂從沒有秘密來天荒，上春風的課成地老。

怕，因而萬般不願放手。

人生，於我而言，是學會拿捏懂放手的時候。

要緊的不願放，屬人之常情。

不用半百才來參透這句話：

本無常的，不放心不要緊，最緊要懂放手。

20231105　1602

怕什麼
什麼必然發生

周耀輝

我在2011年的時候，在《南都周刊》開始了一個專欄，叫〈假如我們什麼都不怕〉。

關於這個專欄，其實還有一個起源。就是2010年的夏天，當時我身在德國Heidelberg（海德堡），一個風光明媚的地方，簡單來説，就是明信片上你會看到的那種典型歐洲美景。我在這個風光明媚的地方遊山玩水的時候，收到一個電郵，這個電郵是韓寒的編輯發過來的，問我有沒有興趣寫《獨唱團》。

當然，大家從來沒有看過我的文字刊在《獨唱團》上，因為他們是在第一期之後找我的。

當時，我收到約稿，等於是有機會向很多很多會看中文的人，講一些我想講的話。我覺得我應該答應的，但，寫什麼呢？我就在Heidelberg這個樂園一般，這個似乎人人都不需要害怕的地方，詭異地想到我常常看到的一些關於中國人的事情，我覺得這些事情充滿恐懼。因此，出現了一個想法，就是假如我們真的什麼都不怕，會怎麼呢？

〈假如我們什麼都不怕〉就在這樣的情況下誕生了。

我由A一直寫到Z，半真不假的書寫以某字母為首的種種恐懼症。我寫得很開心，是開了心。

與此同時，我會問一些人，假如我們什麼都不怕，你會怎樣呢？主要的反應不外兩種：一是，擔心天下大亂，他們有一種假設，就是如果我們什麼都不怕，一定會做一些壞事；二是，更基本的，就答「不可能」，不可能什麼都不怕。我明白他們的反應，但我也覺得他們大抵已經失去某種天真，某種想像，某種假如。

慢慢我發現〈假如我們什麼都不怕〉，當中的關鍵字不單是怕或不怕，更是假如。

我可以不斷用我的方法去書寫假如，但我發覺我不知道如何讓我身邊的人，可以和我一起去想像假如。

我怎樣可以讓我們挽回一些天真,挽回一些想像,挽回一些假如。

我不知道。我發覺我不知道怎麼可以帶你回到樂園,回到一個Heidelberg般充滿著「啊,我們什麼也可以」的地方。我不懂得帶你去一個樂園,於是我想,我可以試著帶你去地獄。

我去地獄的靈感來自最近看的一位哲學家,他談災難,他談我們可以如何面對災難。他提出一個弔詭的想法:我們就把這個災難看作必然發生,然後站在這個災難必然發生的處境之中去想,看看我們會做些什麼。簡單來說,他的想法就是,我們可以如何避過一場災難,就是假設這場災難必然發生。

我覺得這個想法很有趣,也覺得跟我們說的恐懼有呼應。

說回我們今天座談會的題目〈香港,假如什麼都不怕〉,好,我不想這個,我想:香港,假如我們怕的全部必然發生,究竟又會怎樣呢?

我隨意翻翻最近香港的報紙,試圖找一些觸目驚心的事。其中一個就是,似乎這個城市很怕剩女嫁不出,於是我想對香港說,她們這些人是必然嫁不出的,怎樣?然後,我們也很怕人會肥啊,牙齒不整齊啊,又不懂用45度姿態跟人說話啊,但是我也想說,有些人必然是肥的,牙齒必然不整齊的,有人必然直望著你說話的,那又怎麼呢?

我也聽到很多人說，擔心畢業之後找不到好工作，假如你畢業之後必然找不到你喜歡的事做？我聽到很多人擔心地產霸權，我想告訴你，香港必然是地產霸權的了，然後？我聽到某快餐店賣的燒鵝飯一客70元，我告訴你，香港的燒鵝會必然越來越貴的。我看到所有的商場都變得一模一樣，因此，我告訴香港，所有商場都必然「領匯化」*。

諸如此類。

我可以繼續寫下去，而我們也可以自己想想自己害怕的事情，再想，假如這些事情必然發生，你會怎樣？我希望我們不只是思考，而是進入這樣的情緒之中，真的發生了！

真的發生了，我們會怎樣做，或者我們應該怎樣做，我不知道。就算我知道，我也不應該說出來，因為，我相信每個人都要自己處理自己的恐懼。

在我暫時結束這段話之前，我想打一個電影的比喻，畢竟我們身處的是百老匯電影文化中心，而且，我喜歡電影。

我想你跟我一起幻想一個場景：一個人，面前是比他矮的一條橫樑，一條堅硬的橫樑。就是這樣的一個場景。根據另一位哲學家的看法，假如這個人竭盡所能走過去，頭崩額裂，傷了甚至毀了自己，這是悲劇，而他也成了悲劇英雄；假如這個人走了一次，撞了一次，再退回去，又再走一次，

---

* 領匯化：形容因著香港公屋商場私有化而帶來千篇一律的模式

撞一次，不斷，這是喜劇，這個人也成了喜劇的諧星，像卓別林（Charlie Chaplin）。悲劇、喜劇之外，我們還有戲劇。而一個戲劇裡面的人物是這樣的，他看見橫樑，往往會試試彎腰，然後走過去，這是戲劇。

可我偏偏是喜歡恐怖片的。

這位哲學家的描述沒有包括恐怖片。於是，我想，假如是恐怖片會怎樣呢？假如是恐怖片，我剛才說的這個人必然會撞向橫樑的，但恐怖片不用英雄，比較多怪物，而這個人撞向橫樑也不是故事的終結，是開始，從我看恐怖片的經驗來推測，撞向橫樑之後還有很多可能。

我覺得香港這個時刻，好像一齣恐怖片。

我們每一個人其實都可能註定撞向面前的橫樑，我們會注定頭崩額裂，血流披面。我走在城市的時候，似乎真的看到人人頭崩額裂，血流披面。我喜歡看恐怖片，因為我不知道恐怖片的發展是怎樣，是喜劇、悲劇、戲劇，是什麼劇，我不知道。

假如我們什麼都不怕

因此，我希望你跟我一齊思考，去感受香港以至此刻的世界，假如我們怕的必然發生，假如我們一覺醒來發現活在一齣恐怖片中⋯⋯

我以此作結，謝謝。

周耀輝

2012年4月21日，香港油麻地百老匯電影文化中心

《香港，假如什麼都不怕》座談會發言修訂稿，借序

content

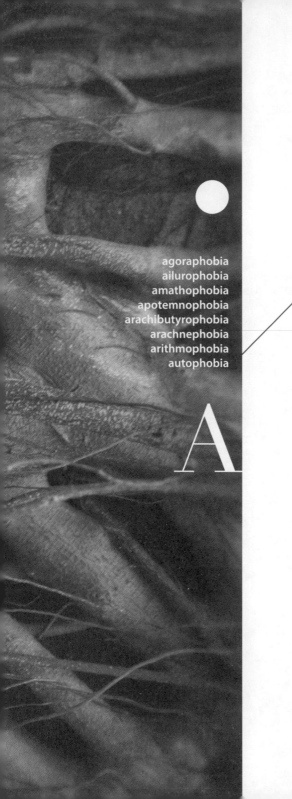

A

amathophobia

autophobia

arachibutyrophobia

arachnephobia

arithmophobia

apotemnophobia

agoraphobia

ailurophobia

a

Agoraphobia ......恐懼廣場
Ailurophobia ......恐懼貓
Amathophobia ......恐懼塵埃
Apotemnophobia ......恐懼斷肢者
Arachibutyrophobia ......恐懼花生醬黏到口腔的頂部
Arachnephobia ......恐懼蜘蛛
Arithmophobia ......恐懼數字
Autophobia ......恐懼一個人

無數蜘蛛,何處找人

假如我們什麼都不怕。

但偏偏,這個世界充滿恐懼,縱然醫學界有能力把恐懼分門別類,可惜
始終沒有找到根治的方法。先不說我,我身邊就有很多人生活在恐懼之
中。

單說以A為首的恐懼吧。

我的朋友A1非常非常害怕蜘蛛，他患的學名叫Arachnephobia。根據A1的記憶，他不是天生害怕蜘蛛的，只是有一次，大概六歲吧，他爸爸如常地高談闊論，不巧頭上吊下一隻不大不小的蜘蛛，快要碰到他開始禿的頭頂了。A1看在眼內，忽然覺得蜘蛛一定會順勢溜到爸爸的口裡。他想警告爸爸，但爸爸從來不喜歡人家插嘴。他情急起來，果然看到蜘蛛已經進了爸爸口中。

從此，A1就害怕蜘蛛了，最奇怪的就是每逢A1看到中年男子開口說話，就會看到一隻蜘蛛從口中爬出來，甚至吐著絲，滿口糾結不清。小時候，他希望所有的中年男人都不要說話，所以後來選擇了當小學老師，因為碰到中年男人的機會比較低。現在，A1也步入中年了，他很擔心自己開口說話的時候，也有蜘蛛一隻隻爬出來。於是，他很小心，奉著「大珠小珠落玉盤」的典範，盡力把吐出來的字變成一顆顆珍珠，不是蜘蛛。當然，他最希望的是終有一天碰到蜘蛛俠，他相信假如碰到這樣一個救世英雄，一定從此愛上蜘蛛。

可惜，他還沒有碰到蜘蛛俠。

從A1我認識了A2。他們兩個起初是師生關係，後來A2長大了，有機會談起大家的恐懼，居然成了忘年交。但開始的時候，當老師的A1其實很討厭A2，總覺得他反叛高傲，看不起老師，連1＋1＝2這樣簡單的算術都故意弄得一塌糊塗。殊不知A2不是不想學，是他害怕數字，他患的學名叫Arithmophobia。得了這樣的恐懼症，你也可以想像他上學的困難。幸好A2是個好學生，總算撐到中學，但一到中學，問題也更多了，不但是數學，其他學科也更多動用數字了。

好像經濟，A2知道社會富裕了，但他依舊碰到窮人，人家可以用增長資料做證明，他卻太害怕數字了，不敢用同一個方法去說服自己社會的確富裕了。好像歷史，A2知道春秋戰國，貞觀之治以及很多發生過的大事，只是說不出具體年月日。每當朋友討論股市樓價，他都托詞離開，因為恐懼。為了彌補自己的弱點，A2開始思考一些大問題，例如，放棄數位，或說放棄透過數位去處理現實去看待世界，行嗎？

A2不清楚人家的感受，但他肯定，放棄數字，自己一定活得更快樂。

我另一個朋友A3患的比較常見，連中文譯名都有了，叫「廣場恐懼症」，英文是Agoraphobia，簡單來說，就是害怕大的、人多的空間，例如廣

場。我曾經請她試試告訴我當中的感受，她說，明明是一片大地，卻覺得腳下是一片大海，飄飄蕩蕩的，好像游啊游啊怎也游不到岸，心一亂，就更急，馬上就要淹死了。她說，廣場恐懼就是這樣。我覺得她這個描述很有意思，於是追問下去。原來還有一段故事。

多年前，A3在一片很大很大的地方掉了一件她很珍貴的東西。起初，她一想到地方之大，現場之擁擠，尋找之渺茫，決定算了。可是，到底是珍貴的東西，始終意難平，終於想了一個比較有系統的方法：她先畫張地圖，再把那片大地方劃分為一個個小方塊，她決定從明天起，每天搜查一個小方塊，不信搜不完，就算最終找不到，起碼自己盡過力。她開始的時候的確是這樣想的。可是，就在她搜到第134天，她忽然覺得自己好像站在1米34深的水中，再繼續下去，必定沒頂。她慌張得大叫起來。

從此，她就患上Agoraphobia，不敢再追尋。

就在A3大叫的一剎那，有人馬上跑過來，最後還送了A3回家，做了朋友，她就是A4。與A3相反，A4不但不害怕大的、人多的地方，她最怕的是一個人，所以她幾乎天天都跑到那片大地方去。至於A4患的算不算病，醫學界還沒有定論，不過名字倒有一個，叫Autophobia。至於A4自己，從

來不覺得有病，她常常說，誰不害怕一個人？所以她一分手，馬上就要找個新的拍拖，有人勸她不如先想想自己要找個怎樣的伴侶，她理直氣壯的說，我害怕一個人。後來，她結婚生子，大家都猜到她的原因。不過，正如A4所言，誰不害怕一個人？

她不停談戀愛，以至結婚生子，其實都很平常，甚至正常，假如不是因為知道了她還有一個症狀，我大概不會懷疑她的確患上Autophobia。是A3告訴我的，A4家裡養了很多烏鴉，原因是烏鴉有一種特性，從來不會讓同類孤單的死去，假如有烏鴉要死了，其他烏鴉會馬上飛來作伴。原來A4擔心，雖然有丈夫有孩子，但死，往往不受自己控制，不擔保死去的時候他們一定在旁，想來想去，還是覺得試試依靠烏鴉吧，養得久了，說不定烏鴉會當自己是同類呢。

她怕一個人生活，也怕一個人死去。

假如我們什麼都不怕，但我們好像什麼都怕。你知道以A為首的恐懼例如就有超過六十種嗎？例如Amathophobia，害怕塵埃。例如Apotemnophobia，害怕斷肢者。例如Arachibutyrophobia，害怕花生醬黏到口腔的頂部。

假如我們什麼都不怕，你會做什麼？

Balllistophobia
Barophobia
Basophobia
Basiphobia
Batrachophobia
Belonephobia
Brontophobia

B

Belonephobia

Barophobia

Brontophobia

Batrachophobia

Basophobia

Basiphobia

Balllistophobia

b

Balllistophobia ......恐懼彈類物體
Barophobia ......恐懼地心吸力
Basophobia / Basiphobia ......恐懼步行
Batrachophobia ......恐懼兩棲動物
Belonephobia ......恐懼針
Brontophobia ......恐懼雷電

之間

很久很久沒有探望我的朋友B1了。

一時興起，從城西跑到城東，沿途數著我踏過多少步，一共是1069步，比上次多了7步，而在最後7步，我沒有寫成一首詩，待會兒見到我朋友的時候，還得跟他說，抱歉，今天沒有帶一首詩給你，下次吧。我卻想起我曾經聽說人們一天應該至少走10000步，而假如以一步平均7.5cm來計算，一天該走八公里，很高興今天完成了十分一。

自從B1患上步行恐懼症Basophobia（一説Basiphobia）之後，我每次去探望他，都會清清楚楚數著自己的腳步，像在數著自己的福氣。到B1家了，所有的窗如常拉上棗紅的天鵝絨簾，剛好與他蒼白的臉呼應著。B1以前不是這樣的，相反，他可算是個熱血青年，他有很多想做的事，很多皮鞋般柔軟而堅韌地穿在他腳上讓他跑來跑去的渴想。

可惜，沒有人關注他。當時可沒有微博啊。

我的朋友於是想到了一個方法。他知道本城一家媒體機關門前正在修路，他就掛了一身寫滿東西的彩帶選在這裡跌倒，如果博得媒體關注，當然好，不然博得賠償，也不錯。但他這一跌，跌得很傷，卻連一小塊的報導也跌不回來。從此，他便不再走路，其實他不是害怕走路，他是害怕跌倒。從此，他就站不起來。

害怕跌倒，因此害怕走路，也因此害怕站起來的人，應該不止B1。我另一個朋友B2，他患的是一個相關的恐懼症，叫Barophobia，簡單來説，就是害怕地心吸力。不過，B2沒有像B1般足不出戶，他的看法是，家裡一樣有地心吸力啊。但每次他走路，都叫我深深感受到一種世界的沉重。我

看他提起左腿，左半球彷彿傾斜了一些，我看他提起右腿，右半球彷彿晃動了一些。B2與引力的搏鬥，氣派不下於巨人與歷史的角逐。

可B2既像巨人也像小丑。

他在害怕引力把自己整個身體拉到地下的同時，也害怕身上的衣服被扯脫，因此在舉步維艱之餘，雙手也拚命的抱著自己，像捍衛自己的貞潔，不無三分悲壯的荒誕。然後，雖然B2也擔心話一說出口就會被引力吸走，所以他越是努力發聲，他說的話特別響亮。我這既像巨人也像小丑的朋友一直堅持走路，然後有一天，他從十樓掉下來。人們都說是他努力從恐懼變為抗拒地心引力的最後一擊，不過，也有人認為B2一定是被人迫著而跳下來的。

不管如何，跟B1一樣，B2這件事媒體也沒有報導，因為碰巧那個時候城中某區突然出現了大量青蛙，跳來跳去，像四散的噴泉，小孩們興高采烈的，大人們卻憂心重重，覺得是凶兆。而認為B2被迫跳樓的人馬上說，看，一定是有人轉移視聽，令一個歷史巨人死了也無人知道。哀痛的人在哀痛，可本城的媒體依然翻天覆地的報導他們稱為「天蛙亂城」的大事，當中，我留意到有一小角騰了出來訪問了好幾個怕得要命的人。

他們怕的不是末日快到，而是兩棲動物，他們的恐懼症叫Batrachophobia。其中一位後來還上了電視節目，解釋她的病因。原來，

她起初恐懼的不是兩棲，而是兩「妻」動物，怎麼說呢？原來，她發現了丈夫背著自己再娶了另一個，而更叫她大受打擊的，是她甚至不肯定這第二妻是不是個女的。慢慢，她覺得自己身上竟然像青蛙般永遠都有一些黏黏的東西，讓她感到很噁心，總之不正常。然後便患上兩棲動物恐懼症。

她身旁看起來有點王子感覺的教授一臉正經的問她：「你知道兩棲動物身上沒有鱗片，也沒有毛髮，這些討你厭的黏液其實是牠們得以保存潤濕的方法，是牠們生存之道，於你是噁心，於牠卻很正常。」但那可憐的兩棲/妻動物恐懼症病人，氣得只是不斷搖頭，急得一如青蛙被迫挑選水或陸路。

我忽然想起，那天在B1家裡，我問他現在最想做什麼，他說：游泳。可惜，要游泳必須走過陸地，而他，不敢。

假如我們什麼都不怕，但我們好像什麼都怕。你知道單以B為首的恐懼雖然不及A多，也有接近二十種嗎？例如Balllistophobia，害怕彈類物體，像飛彈、子彈。例如Belonephobia，害怕針。例如Brontophobia，害怕雷電。

假如我們什麼都不怕，你會做什麼？

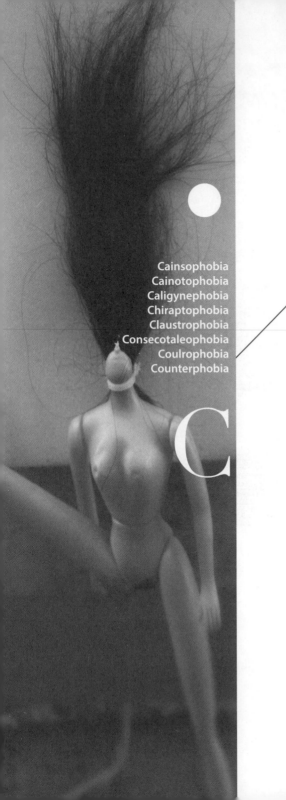

Cainsophobia
Cainotophobia
Caligynephobia
Chiraptophobia
Claustrophobia
Consecotaleophobia
Coulrophobia
Counterphobia

C

Cainsophobia

Claustrophobia

Consecotaleophobia

Chiraptophobia

Cainotophobia

Counterphobia

Coulrophobia

Consecotaleophobia

C

Cainsophobia / Cainotophobia	...... 恐懼新
Caligynephobia	...... 恐懼美女
Chiraptophobia	...... 恐懼被接觸
Claustrophobia	...... 恐懼幽閉
Consecotaleophobia	...... 恐懼筷子
Coulrophobia	...... 恐懼小丑
Counterphobia	...... 恐懼沒有恐懼

什麼都不怕，很可怕

假如我們什麼都不怕，你會做什麼？我聽過的答案林林總總，其中C1答
得最弔詭，他跟我說：什麼都不怕，很可怕。

我對這樣的答案無言以對，因為什麼都不怕，我從未試過，不能確定到
時的狀況。可C1倒是肯定的，可憐的他，患的是Counterphobia，就是恐
懼沒有恐懼症。正因為他常常恐懼自己沒有恐懼，身邊都是容易害怕的
人，我在這裡介紹你認識的，不少本來都是他的朋友。

就像今天，我在穿過城中一個小公園的時候，朝左看見大樹後的草地上彷彿坐著幾個人，是我認識的，走上前，果然是C1和他兩個好朋友。他們正在野餐。

基於我從未在我城公園裡碰過有人野餐，於是我連招呼也不打，馬上問他們：「這裡准野餐嗎？」C1說：「不知道，反正C2不想約在任何密封的空間，惟有如此，再者，萬一真的不准，給人抓了，也好，我就當陪他進行治療吧。」C2患的恐懼症其實相當普遍，叫Claustrophobia，漢語譯得很淒美，叫幽閉恐懼症。

C2對譯名倒有異議。他說，淒美可能是對的，但不準確。他認為「幽閉」兩字本身都有缺口，不是像他這樣的病人所害怕的，他們害怕的是完全沒有缺口的空間，而對他來說，一切更是從完全沒有缺口的文字開始。

C2小時候，跟很多小朋友一樣，常常給老師處罰，而當時流行的處罰方式就是抄姓名很多很多遍。那次，他在抄到第八行的時候，看著看著紙上滿是自己的名字——X國昌X國昌X國昌X國昌X國昌——從此他便害怕

一切密封的漢字，不單是「國」、「昌」，還有回家的「回」，囚禁的「囚」，囤積的「囤」，他也不喜歡每個月的「四」號。

後來，C2病情加劇，不單文字很易令他有被監禁的感覺，連實在空間也一樣。也因為這個原因，他一直不喜歡在家，也不特別熱衷買房子，最終也因此找不到妻子。而但凡有不熟的人問他為什麼還是單身，他不便直言，乾脆就說自己渴慕自由。

C2身旁的朋友C3也是單身的，也同樣以渴慕自由為理由，但實在也同樣患了另一種恐懼症：Caligynephobia美女恐懼症。老實説，C3很想成家立室，但因為熟悉他的人都知道他患了這個怪病，害怕美女，因此即使有女的喜歡他，也不敢跟他拍拖，擔心人家見到C3對自己有好感，豈不是向世界承認自己不漂亮？

C3這個病不像C2的，本來不易被人發覺，世上美女難尋，日常生活不成問題，但可惜近年間，關乎美女的廣告多得厲害，而九成九都以美女為標榜，C3走到哪裡，都見到白而滑的肌膚，S身材，高聳結實的乳房，在一個陽光特別毒的下午，他在街上對著一張美女海報狂嚎痛哭，從此人人都知道他病了。

不過C3這個病雖然令很多擔心被視為不漂亮的女人拒絕與他同時出現，卻帶來一些被視為美女的女人喜歡與他做朋友，就是社會上所謂的美女作家，因為每當C3向她們發電郵，表達喜歡她們的文字，而又附上醫生證明的時候，這些美女作家都相信他真的喜歡她們的文字，不像一些批評她們的人，其實只看過她們的臉。

這個時候，C4氣沖沖的跑過來，C1、2、3同時問她：「怎麼沒買漢堡？」C4瞅了他們一眼，都老朋友了，還說笑。C4害怕的是小丑，病名是Coulrophobia，至於她患病的經過也真的和漢堡有關，那天，她坐在速食店發白日夢，忽然有個小丑，大抵是娛樂完某個生日會吧，剛好在她身旁走過，然後彎身向她說了一句令她非常困擾的話。C4從來沒有透露那句話究竟是什麼，只是不斷描述小丑的臉是如何的猙獰。

自此以後，她便相信，任何人只要穿上某一種制服，戴上某一副臉孔，就是小丑，就有可能對她作出傷害。按照C4的感覺，我城存在著很多小丑。

我看著這四個好朋友，不無興致坐下來在公園裡野野餐的，不過卻擔心真的有穿上某一種制服，戴上某一副臉孔的人跑過來，干涉我們，還是告辭了。

走遠了，回頭一看，C1笑得很燦爛。他是應該笑的，他身旁依然有著害怕的人。

你知道嗎？單以C為首的恐懼症就有大約五十種，例如Cainsophobia（或Cainotophobia），害怕新。例如Chiraptophobia，害怕被接觸。例如Consecotaleophobia，害怕筷子。

假如我們什麼都不怕

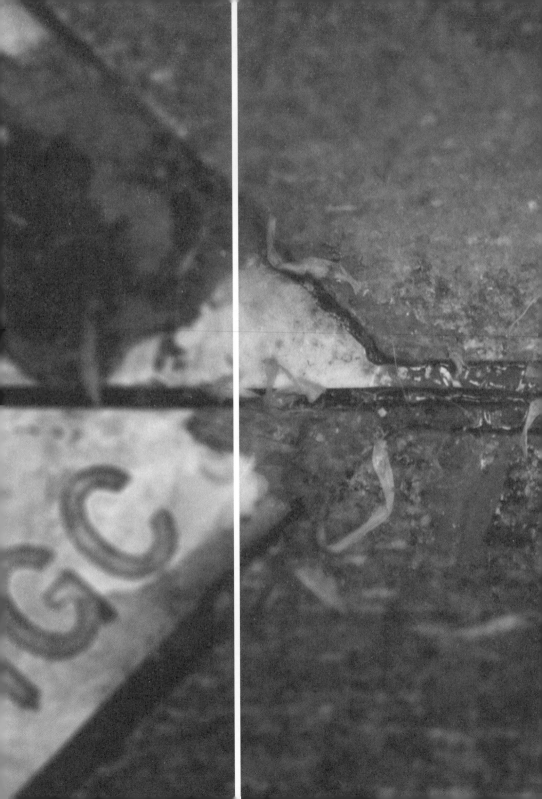

D

Deipnophobia

Dextrophobia

Doxophobia

Decidophobia

Dromophobia

Dentophobia

Dishabiliophobia

d

Decidophobia ......恐懼做決定
Deipnophobia ......恐懼晚宴
Dentophobia ......恐懼牙醫
Dextrophobia ......恐懼在身體右面的東西
Dishabiliophobia ......恐懼人前脫衣服
Doxophobia ......恐懼表達意見
Dromophobia ......恐懼過馬路

蛀牙、性生活、垂直的街道

假如我們什麼都不怕。

我再次想起這句話，原因很簡單：我在牙醫診所裡等著，一想到稍後那些鋒利的器具在我口裡鑽來鑽去，而我只能乖乖的面對著戴上口罩只剩下一對眼睛的牙醫，一如被迫招供，但即使張開嘴巴，卻又說不出話來。便害怕。

我有如此聯想，是跟多年前看過的一部電影有關，裡面一場：有人被迫招供，對方用的正是牙醫電鑽，假如不透露實情，便鑽入牙中，從此，我

便染了輕度的牙醫恐懼症Dentophobia。幸好我的情況不算太壞，我的病友D1根本不會看牙醫了。

D1的病因與我的不盡相同，卻又呼應。假如我是害怕被迫誠實，他就是擔心說謊太久。

小時候，他母親總愛用一句話來鼓勵他說實話：講大話，甩大牙。從這句話，年小的D1便推斷，萬一他有了蛀牙，一定是說了太多謊話，而最令他害怕的是這個「蛀」字，是不是牙中有蟲？有一次，他牙痛，牙醫說是蛀牙，D1相信自己牙中藏著一條條不斷碰觸他神經的蟲，而蟲生，是因為謊言。

不要笑啊。事實上，「牙蟲」引致「蛀牙」，引致「牙痛」，從西元前5000年已有記載，印度、希臘，和我們中國都有類似的曾經是真理的傳說。

至今，D1依然深信蛀牙真的被蟲蛀的，所以即使他牙痛，也永遠不看牙醫，他恐懼電鑽觸怒了牙蟲，牙蟲洶湧爬出口外，令他不得不面對自己的謊言。所以過去十年，他在某大跨國機構任職，專心研發麻醉藥，服務人民，即使牙痛，也不用看牙醫，也就可以繼續說謊。

誠實也好，說謊也好，對我另一個朋友D2來說，基本上沒有什麼分別，因為他患了Doxophobia表達意見恐懼症。我曾經忍不住問他，這個病與其說是病，不如說是人之常情，不敢誠實也不想說謊，生活之中太多這樣的困局，終於也就沉默了，是不是這樣？D2說，不是。我再說，在這個人人爭著表達自己意見的時代，你的不但不是人之常情，簡直是美德。D2說，不是。

D2被迫對我說，Doxophobia還累他患了一個相關的病，叫Deipnophobia，就是晚宴恐懼症。D2說，他真正害怕的是晚宴上必須閒聊，也就必須表達意見。他很害怕，往往三言兩語便靜下來，人家都以為他高傲，他只是害怕。但生活在城市的人，不可能沒有晚宴，就在一次他幾乎忍受不住的晚宴中，他學會了一個殺手鐧。

那次晚宴，人人都說著飲食之道，從那裡吃的雲吞麵最好到那裡釀的葡萄酒最醇，當中也不免詢問D3的意見。他支吾以對，終於撐到第五道菜，當話題集中在鮑魚的時候，他想起了老話「食色性也」，便向在座的朋友誠懇的發出一個問題：「你們最近的食生活似乎過得很豐富，但性生活呢？」

這一問，就成了他得以安靜的殺手鐧。

除了有一晚，D4也在座中，他聽到這個問題，竟然同樣誠懇的回答：「你這一問，是不是想改善我們城市人的性生活？」原來D4是城中著名的社會運動家，他一直爭取的是街道垂直化。

什麼叫街道垂直化？很簡單，我們一般看到的街道都是在地面橫向而發展，D4正向城市規劃機關爭取的就是把街道從地面向上築建；換言之，假如你從前住在第一街，上班在第十一街，消閒在第二十一街，日後可能變了住在第一層，上班在第十一層，消閒在第二十一層，如此類推。

這個主意是從一位社會學家而來的。這位社會學家提出街道垂直化，主要是為了舒緩交通，減輕污染，但對於D4來說，完全是基於她的恐懼症。她患的叫Dromophobia，害怕過馬路。假如街道垂直化，就是住、上班、消閒等等都能在一棟大廈裡進行，她就不用過馬路了。

於是，她便致力爭取。最近，有位義工問她，那麼花街應該在第幾層，遠離住宅還是就近工作。而當D4在組織提出來討論的時候，實際問題又一如預料的變成原則爭議，其他義工關心的不是第幾層，是一棟多街大廈該不該闢出性消閒的空間。

D3對於此事，當然不表示意見，而假如D4收集民意的話，D2必定乘機提出，頂樓不該是花街，是牙醫。

你知道嗎？單以D為首的恐懼症有二十多種，例如很多人都有的Decidophobia，害怕做決定。例如Dextrophobia，害怕在身體右面的東西。例如Dishabiliophobia，害怕人前脫衣服。

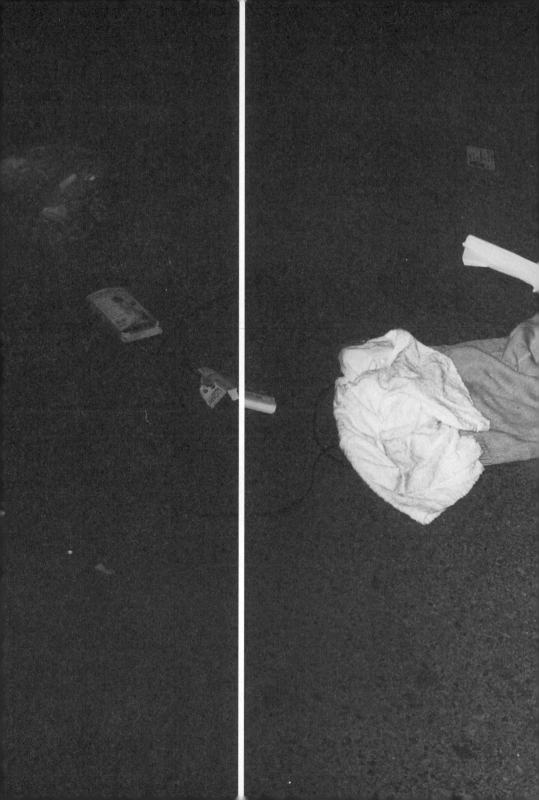

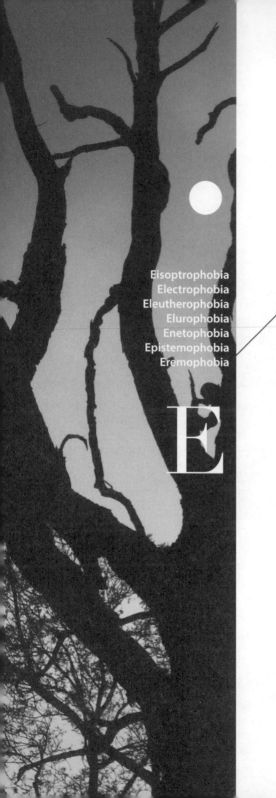

Eisoptrophobia
Electrophobia
Eleutherophobia
Elurophobia
Enetophobia
Epistemophobia
Eremophobia

E

Enetophobia

Electrophobia

Eremophobia

Eisoptrophobia

Eleutherophobia

Eleutherophobia

Epistemophobia

Eisoptrophobia	......恐懼照鏡
Electrophobia	......恐懼電
Eleutherophobia	......恐懼自由
Elurophobia	......恐懼貓
Enetophobia	......恐懼別針
Epistemophobia	......恐懼知識
Eremophobia	......恐懼孤獨

EEEEEEEEEEEEE /
FXXXXXXXXXXXXX

反正我打算從A到Z的談恐懼，不如問你，最害怕的字母是哪一個？

我小時候最害怕的是Q，總覺得它擺著小尾巴的，會動，像一隻鬼，大抵
是我看得太多日本動畫《Q太郎》了。不過，後來讀書讀到酷兒理論，又
為到Queer這個字喜歡上Q，好Q啊！現在嘛，我最害怕的是E，橫看豎看
都像一隻張開的口，舌頭也伸出來了，苦苦追逼，快要咬下來了。假如你
玩過Pacman（小精靈），一定知道我為什麼害怕E。

雖然如此，以E為首的恐懼症倒不算多，其中一個叫Enetophobia，我的朋友E1患的正是這個，他害怕的是別針。我和E1是在大學認識的，當時，我們一起上酷兒理論課，剛好編到同一組裡，有次我們需要做一個性別政治的報告，我發現E1坐立不安，後來問他，才知道他害怕別針，連「別」字也害怕起來。

留意啊，E1不是害怕別字，是害怕「別」這個字，所以，不管是性別、級別、分別、離別，一聽到，就是不舒服。有一段日子，香港不是很多所謂功能組別的討論嗎，有人甚至上街抗議爭取廢除它，説是有助民主，E1想也不想便參加了，對他來説，不單是功能組別，最好這個「別」字從此在世上消失。

但他明明害怕別針啊。

對，那又得從我們大學一次宴會説起，E1是學生會的秘書，入場時，負責招待穿著白色長裙的女同學馬上上前替他別上襟花。她站得很近，連脖子上的血管都看到了，忽然他胸口一痛，顯然被襟花的別針刺到了，本能地一動，結果別針刺到女同學的指頭裡，血冒出來，圓圓的，從小到大，淌到白裙上。他也分不清是痛是內疚還是血紅白衣，總之，在這次宴會之後，他發誓不再出席需要別襟花的場合。

E1這個誓言雖然有著血腥的歷史，卻為他帶來一段良緣。正因為E1不再出席需要別襟花的場合，也就是説他以至他的伴侶也不再需要盛裝赴會，而我們的同學E2也就看上了他這個優點，和他拍拖。原因？E2害怕照鏡，她患了Eisoptrophobia。

當初E1介紹我認識E2時，我很詫異，E2儘管不算大美人，也挺好看的，幹嘛怕照鏡？按理，怕照鏡的人就是怕看到自己，那就是怕看到自己的醜陋，誰會害怕看到自己的美貌？E2同意我的推論，也不認為自己醜陋。那她為什麼害怕照鏡呢？

是這樣的，E2説，她大學的專修是哲學，主攻法國現代哲學。她清楚的記得教授提到Lacan*筆下的mirror stage*，説小孩成長的時候總會從照鏡當中第一次意識到自我，而有了自我意識也就弔詭的表示自我與意識割裂，自我從此進入了象徵世界。她不明白。

E2也清楚記得教授提到Foucault*筆下的Heterotopia（異托邦），説鏡子讓你看到你當時所在的地方因而令它絕對的真實，但鏡子同時也讓你

---

* Lacan：雅各·拉岡，法國精神分析學大師

* Mirror stage：鏡像階段是拉岡的精神分析理論中的一個概念

* Foucault：米歇爾·傅柯，法國哲學家、思想史學家、社會理論家、語言學家、
　　　　　　文學評論家、性學家

穿過某個虛擬界線進入鏡子當中因而也令你當時所在的地方絕對的不真實。E2更是混亂。

原來E2害怕照鏡,不是擔心看到自己的醜陋,而是擔心看到自己的無知。

可惜後來我與E1和E2都疏遠了,不然今天我一定邀請他們參加我正要參加的一個辯論會,讓E2不再擔心自己無知。辯論雙方分別是E3和E4,他們兩個在差不多同時出版新書,一叫《知識不是力量》,一叫《自由萬碎》,兩本都熱賣,兩人也成了當時得令的公共知識份子。

一如所有非常暢銷的書,《知》和《自》都有非常簡單的信息。

E3想說,人思考得越多知道得越多,生活得越不開心。而E4想說,自由是歷史產品,已經過時,在後啟蒙時代,自由只會帶來焦躁與不安。至於今天的辯論會,是一家官方報社辦的,論題是:知識可怕,還是自由更可怕?根據宣傳資料,E3認為,有知識才有自由,知識當然更可怕。而E4堅持,自由獲取的知識才算知識,因此自由更可怕。

不過，不管辯論結果如何，宣傳資料公佈，他們兩個已經獲政府委任為顧問，負責教育人民離棄知識和自由。當然，我也同時看到網上流傳的消息，說E3和E4其實都是病人，E3患了Epistemophobia知識恐懼症，而E4患的是Eleutherophobia自由恐懼症。

怪不得我那麼害怕E，原來以E為首的恐懼症有這些。至於其他的，還有Electrophobia電恐懼症；Eremophobia孤獨恐懼症；和很多人都有的Elurophobia貓恐懼症。

從E，下次就是F，我不知道你對F有何印象，我總覺得F是殘缺的E，因此需要跟著一串的X，才顯出一點點霸氣。我很可憐F。

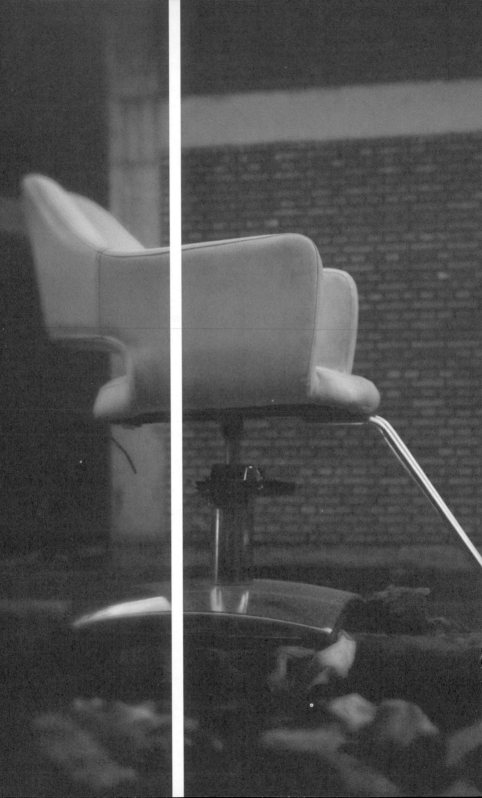

Febriphobia
Felinophobia
Francophobia
Frigophobia

F

Francophobia

Frigophobia

Febriphobia

Felinophobia

f

Febriphobia	......恐懼熱
Felinophobia	......恐懼貓
Francophobia	......恐懼法國
Frigophobia	......恐懼冷

一雙貓眼、一腔熱情、幾隻爛水果

我可憐F。

雖然老外往往在碰釘、倒楣、生氣等等不如意的景況之中，用以F為首的一個英語動詞來宣洩自己的情緒，但脫離了XXX的F卻是一點霸氣都沒有了，我不是說過嗎，F像一隻殘缺的E，看來頭重腳輕，岌岌可危——怎麼我忽然想起falv*來——不，我只想說F很可憐，怪不得以F為首的恐懼症那麼少，只有四種。

---

* falv：法律

其中一種叫Felinophobia，害怕貓。不知道是否各民各族都有不少人患了這種恐懼症，它的別名也特別多，包括：Ailurophobia, Elurophobia, Galeophobia, Gatophobia。我很多朋友都有不同程度的Felinophobia，病因不外被貓嘶過，抓過，咬過。只有F1例外，她歸咎她母親。

F1七歲那一年，咳得厲害，醫了很久都沒有起色。F1母親是個慈祥的婦人，鄰里關係非常好，鄰居知道她為女兒的身體很擔憂，紛紛獻計，F1母親一一嘗試。有一天，F1下課回家，還未來得及放下書包，便聽到母親邊說：來來來，喝湯，邊把冒著蒸氣的煲放在飯桌上，旁邊已備有一隻碗。

F1好奇的跑過來，問：什麼湯？母親把煲蓋拿起，F1探頭一看，嚇得就把肩上的書包整個擲過去，濺起來的熱湯有些灑到她的右臂上。原來有位鄰居向母親說，用貓頭鷹煲湯吧，你女兒的咳一定好的，是古方。那天拿起煲蓋，F1看到的就是浮在湯裡的貓頭鷹，貓頭怔怔的向著她，雙眼彷彿看穿了她。從此，F1便害怕貓，但她不怪貓，只歸咎母親為什麼只顧她的身體，不理她的精神健康。

她右臂上的燙傷後來成形的疤痕倒有點像貓。

像我可憐字母F一樣，我也可憐F1，不過，老實說，我對她也有一點恐懼。你知道嗎？不少歷史人物都怕貓：亞歷山大大帝、凱撒大帝、拿破崙、成吉思汗，以至較近代的兩個暴君墨索里尼和希特勒。

於是我懷疑為什麼這些大野心家都怕貓？也許他們跟F1一樣，害怕貓的眼睛？害怕貓的眼睛看到他們心裡的什麼？

於是我也懷疑F1暗地裡也是個大野心家，雖然她目前只是一個小官，難保他朝權傾天下，貽害百姓。這一切，我當然沒有告訴F1。我只會每年一到5月15號，便鼓勵她找一隻貓來抱抱。這一天，是全球「抱你貓」日。

5.15除了是貓的日子，也是動畫《米老鼠》1928年首映的日子，也是蘇聯1958/60年發射Sputnik1／2的日子，也是加州最高法院2008年推翻同性婚姻禁令的日子，也是我的朋友F2和F3一年一度相會於三藩市的日子。

他們清楚記得是在2007年認識的，北京奧運前一年。他們參加了大學一個相關徵文比賽，雙雙獲獎，他們就在頒獎禮上一邊歌頌「同一個世界，同一個夢想」，一邊幻想假如可以在同一張床上。墮入愛河，對他們來說，問題不大，但談戀愛嘛。

最大的麻煩是談戀愛的地點。原來F2和F3分別患了Febriphobia和Frigophobia，一個怕熱，一個怕冷，假如在室內約會，空調太強，不合F3，假如跑到街上，陽光太烈，不合F2。

F2本來不怕熱的，相反，他非常愛熱，對很多事情都懷著無比的熱情。有一次，在他的中學裡發生了一件不公平的事件，有位同學因為父親和校長關係密切，得以取代另一位同學代表學校參加國際會議，F2知道了，馬上號召幾個同學一起向校長抗議，結果校長通知家長。當晚他回到家裡，他那位沒有太多權勢的父親二話不説，一盤冷水潑到他身上，説：看你再敢不敢這樣一腔熱情？

至於F3，也在同一個年紀患上冷恐懼症。那一年的夏天特別熱，他在街上跑了一身汗回家後如常打開冰箱打算拿罐汽水，撲面而來的竟是一股惡臭。冰箱不知何時壞了，裡面的食物也同時壞了。少年人多愁善感，F3看著微黃燈光下的幾隻爛水果，不單想起在網上看過的塞尚靜態畫《髑髏金字塔》，更想到現代人何其依賴冷凍科技，我們真脆弱啊，於是便害怕起來，避開空調避開冰箱。

後來，當怕冷的F3和怕熱的F2拍拖了，然後發現約會地點的困難，忽然把心一橫，不如談一次不太熱也不太冷的戀愛，不如一年只見一次面，不

如就在每年5月份15號在三藩市,聽說5月的三藩市氣溫都在攝氏10到19度間,不冷不熱,剛好。

真浪漫。我們大抵都喜歡浪漫,怪不得我的朋友當中沒有一個患上Francophobia法國恐懼症,也是最後一種以F為首的恐懼症。我們都認為法國浪漫吧,而我們認為浪漫的,誰會害怕?

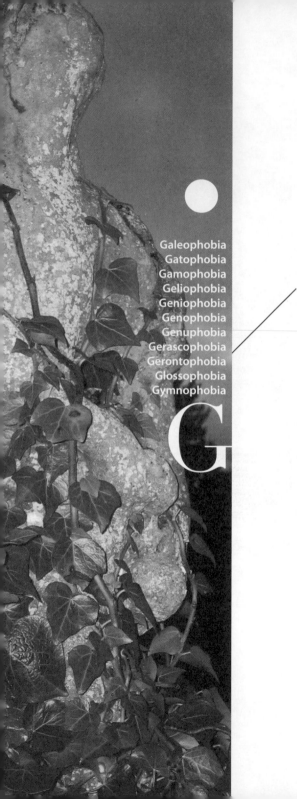

G

Galeophobia

Genuphobia

Gymnophobia

Gamophobia

Geliophobia

Glossophobia

Geniophobia

Genophobia

Genuphobia

Gerontophobia

Gerascophobia

Galeophobia / Gatophobia	. . . . . .恐懼貓
Gamophobia	. . . . . .恐懼結婚
Geliophobia	. . . . . .恐懼笑
Geniophobia	. . . . .恐懼下巴
Genophobia	. . . . .恐懼性
Genuphobia	. . . . . .恐懼膝蓋
Gerascophobia / Gerontophobia	. . . . . .恐懼老
Glossophobia	. . . . . .恐懼演說
Gymnophobia	. . . . . .恐懼裸體

跪下來求婚，站起來演說

今天晚上我參加了G1和G2的婚宴。一雙新人悉心安排，現場放滿玫瑰花，不斷播著他們挑選的浪漫情歌和溫馨視頻。換言之，這場婚宴務求與眾不同，最終一如其他──除了賓客全都穿得密密實實。後來我才知道是新郎G2的意思，稍後再跟你解釋。

我想先介紹一下新娘G1。老實說，那天我接到同樣以玫瑰花做主題的結婚請柬，我非常詫異，因為，我明知G1患了Gamophobia結婚恐懼症。

是她親口告訴我的。我第一次見她，她便問我：「你是寫歌詞的，寫過那麼多情歌，可不可以教我如何鼓起勇氣結婚？」我以為G1跟很多人一樣快要幹人生大事免不了有些猶豫，便笑著說：「你不如問我如何鼓起勇氣不結婚吧。」G1臉色大變，幾乎落淚了，說：「我患了結婚恐懼症，醫生都說無能為力。」

原來G1一直都想結婚，即使連對象都沒有，她已經非常留意關於結婚的一切。有一次，她在地鐵月台上看到一個禮餅廣告，正中的標語異常注目：給女人一個家就是嫁。G1知道她應該被這句話感動的，但她同時卻想到另一個字：婚。假如給女人一個家就是嫁，那麼婚呢？叫女人昏一次，昏一世？

從此，她一聽到「婚」這個字便覺得昏昏欲睡，身不由己，便恐慌起來。

所以你大概可以想像我收到請柬時的詫異……與好奇。於是我馬上打電話給G1。她說：「多謝我的男朋友G2。」那個晚上，G2堅持去公園走走，花前月下，G2跪下來，獻上婚戒，G1的恐懼症一發不可收拾，昏了。G2當時雖然手忙腳亂，卻也以為G1只是太高興，一心籌算下一次求婚。

有一天，G1和同事一起離開辦公室，一踏出門外，不遠處似有騷動，有同事一指，G2正以跪行的方式朝著G1跪過來，然後再次獻上婚戒。旁邊的

人都鼓掌助興，而就在G1快要昏過去的時候，想到如此一個男人，為他昏一世也值得啊，忽然，恐懼消失了，她不再怕結婚了。

我心裡有起碼七個問題，不過，對著任何決定了結婚的人，問什麼也沒意思，我也不忍。聽著G1在電話的雀躍，我不忍掃興。

但有些人偏偏喜歡掃興。坐在我右邊的一個我也算認識的人G3偷偷告訴我：你也聽過他們那個跪行求婚的故事吧，其實G2是穿著護膝的。也很合理啊，至少證明他做事細心，我答。G3説：「不，他天天都穿護膝的。」

原來G2患了一個相當罕見的恐懼症，叫Genuphobia，他害怕的是膝蓋，索性把自己的膝蓋永恆地用護膝遮著。G2小學時犯了校規，情急之下，便跪下來向老師求情。老師一手把他拉起來，説：「男兒膝下有黃金。」老師一定以為人人都知道這句話的意思，沒有解釋。

G2因此無法肯定老師是教他，跪下來的人沒有出息，還是，跪下來的人才能發達。反正他日後知道比較切合現實的是後者。

至於當時，當時的這個小男孩只覺得老師這句話很詭異，男兒膝下怎會有黃金？於是他懷疑自己的膝蓋真的會打開來，然後就有黃金湧出來。他覺得這樣的情景雖然有利，卻也實在血腥。從此他害怕膝蓋。

因此，他特別害怕夏天，滿街滿巷都是短裙短褲。慢慢他的病情加劇，從Genuphobia演變為初期的Gymnophobia，也就是輕微的恐懼裸體。（明白婚宴的dress code了嗎？）為此，他已決定參政，他相信當今社會最能支配人民身體的就是政治家，他甚至確定了一項參政大計──爭取把全國人民列入為聯合國文化遺產，盡力保護，既然要保護，就斷斷不能暴露在任何危險之下。

到時，他便可以借文化遺產之名，禁止人民赤身露體了。

就在這個時候，他正在靠攏的資深政客站起來走到大堂前面，開始他的賀詞。我左邊的一位算是認識的人G4説，真羨慕他。我問：「羨慕他有權勢嗎？」G4説：「羨慕他懂得演説，我不行，我患了Glossophobia。」

那是演説恐懼症。G4説她也曾努力，其中一個方法就是學，她看過了很多偉大領袖向著千千萬萬人民慷慨發言，而千千萬萬人民同時揮動手臂，呼喊口號的紀錄片。壯觀的確是壯觀的，可G4不肯定的是：不敢演説，太懂演説，何者更恐怖？於是，不勉強自己了。

你知道嗎？以G為首的恐懼症將近二十種，包括：Geliophobia，害怕笑；Gerascophobia或Gerontophobia，害怕老；Geniophobia，害怕下巴；和Genophobia害怕性。

H

Herpetophobia

Hyalophobia

Hylophobia

Hypnophobia

Hadephobia

Haphephobia

Homophobia

Heterophobia

Haptephobia

Hyelophobia

Hippopotomonstrosesquipedaliophobia

h

Hadephobia　　　　　　　　　　　　　. . . . . . 恐懼地獄
Haphephobia / Haptephobia　　　　　. . . . . . 恐懼被觸碰
Herpetophobia　　　　　　　　　　　. . . . . . 恐懼爬蟲
Heterophobia　　　　　　　　　　　 . . . . . . 恐懼異性戀者
Hippopotomonstrosesquipedaliophobia　　 . . . . . . 恐懼長的字
Homophobia　　　　　　　　　　　　. . . . . . 恐懼同性戀者
Hyalophobia / Hyelophobia　　　　　. . . . . . 恐懼玻璃
Hylophobia　　　　　　　　　　　　 . . . . . . 恐懼樹林
Hypnophobia　　　　　　　　　　　 . . . . . . 恐懼被催眠

千字，異性，手背長滿鱗片

那天喜宴過後，G4——還記得她嗎？那個患了Glossophobia演說恐懼症
的人——G4問我有沒有興趣跟她參加背書會的聚會。

對，你沒有看錯，的確不是讀書會，是背書會。

G4告訴我，城中一群成年人懷念小時候背書的情景，覺得當中有種不由
自主的輕鬆，於是搞了這樣的一個組織，定期聚會，一起背書。G4並不特

別喜歡背書，卻很喜歡背書的人。她認為背書的人情願躲在人家的、屬於過去的文字背後，應該與她一樣，其實都是害怕演說的人。她說，參加背書會的聚會，她得到在其他聚會沒有的自在。

今晚參加聚會的人不算多，坐在左邊靠牆的一個中年男人馬上站起來向G4打招呼。這人長得非常高，有兩米二，後來當我聽到他患的恐懼症，也就忍不住笑了。H1患的恐懼症叫Hippopotomonstrosesquipedaliophobia，與他長長的身材很配；他說他害怕長的字。

長的字？但，H1是漢人，說的也是漢語，而漢語分明就是一個字一個字的，每個字長短大小，都是一樣的，按理H1不易患上長字恐懼症啊。

哎，你有所不知，H1感傷的說：「都怪我爸爸不好。」H1書香世代，爸爸醉心詩詞歌賦，從小就鼓勵以至強迫H1背誦唐詩三百首。H1起初努力應付，反正在學校裡老師也常常要他背書，爸爸的要求雖然難，不過，也不太難。

可惜，爸爸看到兒子背唐詩也背得差不多，想到「天將降大任於斯人，必先勞其筋骨，苦其心志」，就拿一篇長的來訓練他，你知道他要我背什麼嗎？H1問我，是《千字文》。「天地玄黃宇宙洪荒……」就在H1成功背到

第125字的時候，眼前的一千字，於他，成了很長很長的一個字。從此，他看到任何一篇文字總會看成一個很長的字，不敢細看。

但，這樣很難生活啊，H1參加背書會，就是想借人家背書的樂趣，克服自己的恐懼症，是他的治療師慫恿他的，也很有效，至少這個晚上他可以一口氣把Hippopotomonstrosesquipedaliophobia說出來。

你們誰是同性戀的？這時有人衝進來高聲的說。這樣的問題當然無人回答了。這人再說，你們無人回答，也就表示無人是同性戀的，也就表示全都是異性戀的，你們異性戀的，禽獸不如，傷風敗俗⋯⋯。之後他還用了好些難聽的字眼，大致上就是某些人用來咒罵同性戀者的粗話吧。我認出來了，這人是H2，我在報上讀過關於他的報導。

H2患了一個怪病。社會裡比較常見的是恐同症Homophobia，他卻患了恐異症Heterophobia，害怕的是異性戀者。報導說，H2打算爭取立法禁止異性通婚，並且積極拉攏同性戀組織支援，不過，同性戀組織發言人表示，我們喜歡同性，並不憎恨異性。

報導還引述H2說，不明白為什麼人類以及很多動物男女外表分得那麼清楚，不像蛇蟲，雌雄難辨。

待背書會負責人把H2安靜下來，我上前跟他説，你一定要結識我的朋友H3，相信你們會談得投契。H3認為，人的始祖不是猿猴，是爬蟲。你不覺得人人都喜歡爬嗎？H3曾經如此問我。然後他更挑戰我，試試在你的辦公室裡觀察你同事的舉止，你必定找到種種爬蟲的痕跡，特別是蛇、蛙，和變色龍。

H3試過。有一天，就在他工作的地方尖叫起來，當時他身邊一位同事H4把一份檔案交給他，就在袖口拉起的一剎，H3看到H4前臂長滿鱗片，從此他相信人人都是爬蟲的後代，諷刺的是H3並不因此接受現實，反而更加憂心，他患了Herpetophobia爬蟲恐懼症。

事實上，H4當時也羞羞的跟H3解釋，她臂上的不是鱗片，是傷痕，但她可不是自殘啊，她患了一種恐懼症，叫Hypnophobia，害怕被催眠。

有次，她在上班的公車裡如常的小睡，公車一晃，她抬起頭來，周圍的乘客全都睡著，忽然，她就害怕起來，懷疑自己其實是不是正在做夢，從此，她在車廂裡辦公室裡商場裡，往往就會冒出強烈的疑心，分不清身處的世界是真是假。於是，她習慣帶著一把小刀在手袋裡，疑心一起，便用來刺刺手臂，證明不是在催眠狀態當中。

H4還以一種比她年紀要世故的語氣向H3說，凡是要證明自己清醒的人，難免傷痕纍纍。

你知道嗎？以H為首的恐懼症有三十多種，包括：Hadephobia，害怕地獄；Haphephobia或Haptephobia，害怕被觸碰；Hylophobia，害怕樹林；Hyalophobia或Hyelophobia，害怕玻璃。

假如我們什麼都不怕

Iatrophobia
Ichthyophobia
Illyngophobia
Insectophobia
Iophobia
Ithyphallophobia

I

Iatrophobia

Illyngophobia

Insectophobia

Iophobia

Ichthyophobia

Ithyphallophobia

i

包在報紙裡的魚咬人

鑽到深海裡　吞著帶腥的回憶

擺動我身體　忘了什麼叫安靜

朝向漁網裡　反正感情都如此

剩下我自己　用魚刺雕刻故事

我一個人坐在陽台上，喝著澳大利亞的白酒，吃著北海的煙鰻魚，聽著盧凱彤的歌〈哽咽〉，想著我的朋友I1。

她患了Ichthyophobia，害怕魚。本來，這樣的恐懼症不算太影響她的日常生活，只要小心，避免有魚出現的地方，也就沒事了，尤其是後來她因為工作搬到北方一個內陸城市，更加鬆口氣。想不到前天她打電話給我，説快給魚逼瘋了。

你不是住在B城嗎？難得見魚啊。我問她。她説，都怪iPad，那些apps，打開來，就是虛擬魚塘，好多錦鯉游來游去，有人用指頭點點錦鯉，牠們會馬上避開。自從B城當中比較時尚的人開始擁有iPad，I1也開始在公共空間裡碰到這些人和他們掌中的虛擬魚塘。真魚還可以推測牠們出現的地方，但虛擬的，卻是避無可避啊。

我知道這個玩意，也碰過不少人在玩，大概他們都愛感受一些儘管從人工智慧而來的生動活潑，而魚，往往都是生動活潑的象徵。

這恰好就是I1害怕魚的原因。I1的父母是南方人，愛吃海鮮，常常帶著I1去酒家吃魚吃蝦吃蟹，這些酒家大門前總放著很多很大的水缸，水缸裡養著魚。小小年紀的I1已經問父母：牠們明明快要給殺掉，為什麼偏偏要我們看到牠們生動活潑的樣子？

那時候，I1只是不明白，不至於害怕。有次，她忘了跟誰跑到一個舊街市，魚檔上放了一尾尾的魚，全都被魚販從中由頭到尾剖開，肉是半透明的，帶著粉紅，中央是一個白色球狀的東西，魚眼盯著不知什麼，而魚鰓，竟然還在一開一關，還在呼吸，還在生！

就在那一剎那，I1深深感到生與死的糾結，她無言以對，只是本能的想到自己就是躺在那裡被人剖開的魚，在臨死的時候才得以張揚自己的生動活潑。於是，她患了Ichthyophobia。

面對I1因為虛擬魚塘帶來的困境，我也不懂如何應付，惟有希望聆聽也是一種支持，而聆聽過後我便嘗試轉變話題；雖然我並不特別關心甚至有點討厭她的男朋友，還是問她：「你男朋友好嗎？」

I1和男朋友I2是因為Ichthyophobia而認識的。當時，I1正跟一群朋友談起她的恐懼症，在場的I2面色有變，卻一言不發，後來單獨約會I1，才告訴她，他也患了恐懼症，也與魚有關。

但他並不害怕魚，相反，他喜歡魚。就在留學期間，他一時興起跑到當地魚市場買了一尾魚打算回家弄來吃。這個魚市場保留著用舊報紙包魚的習慣，後來I2回家把報紙打開，鮮血剛好印在一張頭像上，血肉模糊，他嚇得立即把魚掉了。

從此，他總覺得報紙上的油墨一定滲了毒藥，多接觸就會中毒。慢慢慢慢，他覺得身邊很多東西都滲了毒藥。慢慢慢慢，他就患上lophobia，毒藥恐懼症。

後來，他仗著一些關係當上了文化部門的官，於是天天不得不面對很多很多的印刷品、音樂、電影，然後，他也不得不判定很多很多都是毒藥。他常常跟我說，這些東西真的有毒，危害人民。我覺得他的病很嚴重。

可是，像I2那樣覺得到處都有毒的人，其實不少，他們其實都該去看醫生，但根據我看過的一個研究，這些lophobia病人百分之六十七都同時患了Iatrophobia，就是醫生恐懼症。理由很簡單，他們相信醫生給的藥都是糖衣毒藥。

I2的朋友I3也患了醫生恐懼症。正如很多恐懼症病人一樣，I3很能夠為到自己的非理性反應尋找合理的解釋。例如，他會說，曾經看過科學文獻，說醫生──至少是白人男性醫生──的壽命平均的確比其他同類職業人員（如律師）高，不過，醫生死於自殺的比率卻又偏高了。於是，I3有理由相信，醫生也許身體比較健康，但精神健康嘛……

最近，I2和I3這兩位害怕醫生的人一起開始了新嗜好，I1在電話裡告訴我。我不是問她男朋友的近況嗎？我以為可以轉變話題，令她不再專注於困擾她的魚上，想不到，她繼續有苦水吐。原來，I3害怕看醫生，卻也不是不注重身體的，他偶然試了一種按摩療程，讓小魚微微的微微的咬自己，I3很喜歡那樣的感覺，更慫恿I2一起，I2同樣雀躍，不斷在女朋友面前談著被魚咬的快感。

發現男朋友愛上自己害怕的東西，你能不哀傷嗎？I1問我。

你知道嗎？以I為首的恐懼症很少，只有九種，除了上述三種，還有：Illyngophobia，害怕從高處往下望；Insectophobia；害怕昆蟲；Ithyphallophobia，害怕勃起的陽具。

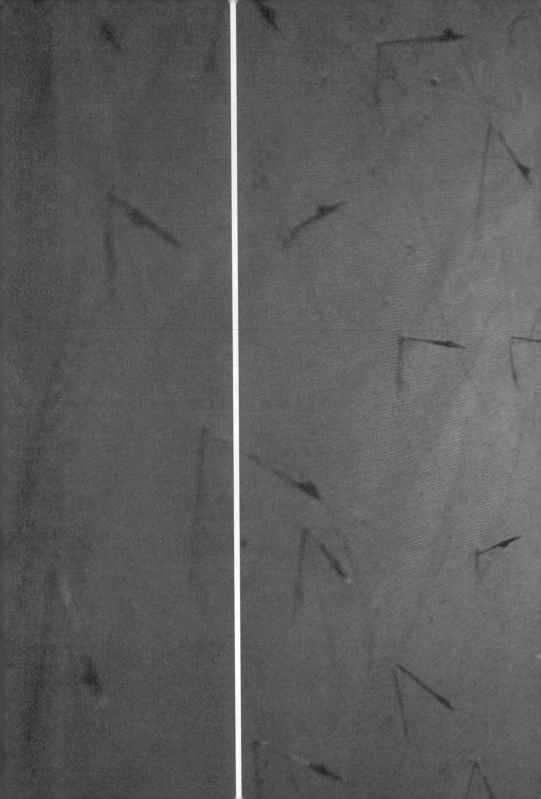

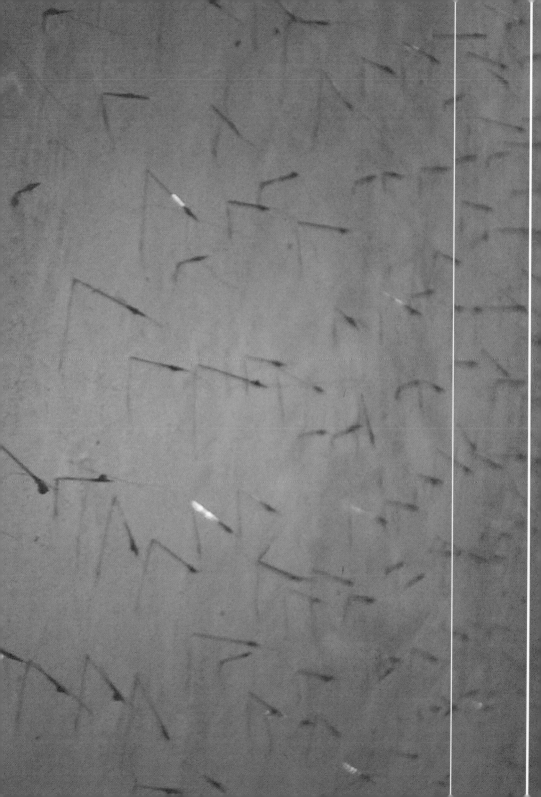

J
K

Kakorrhaphiophobia

Kathisophobia

Katsaridaphobia

Judeophobia

Japanophobia

Koinoniphobia

Kymophobia

j/k

Japanophobia	..... 恐懼日本人
Judeophobia	..... 恐懼猶太人
Kakorrhaphiophobia	..... 恐懼失敗
Kathisophobia	..... 恐懼坐下
Katsaridaphobia	..... 恐懼蟑螂
Koinoniphobia	..... 恐懼房間
Kymophobia	..... 恐懼浪

蟑螂是非常成功的

我穿過一個售賣布料的商場,為我的新居尋找窗簾布,其中一個攤子的陳列於我特別矚目:從左到右,先是純色,然後是整整齊齊的條紋,然後是溫溫馨馨的花朵,最右是不同種類的動物,而在不同種類的動物當中,我竟然看到了蟑螂。

蟑螂布,誰會賣來做窗簾啊?賣布的答我:「老鼠布可以做窗簾,為什麼蟑螂布不可以?」他答我的時候指了一指蟑螂布的旁邊。原來是米老鼠。

不無道理,這賣布人的思維相當開放持平,而凡是開放持平的思維往往叫我三思。

我想起曾經看過的漫畫,是日本的,主角正是蟑螂,對啊,所謂可惡的,也能成為可愛的;我也想起早幾年看過的一本小說,主角犯罪了,被判接受精神治療,而在治療當中,他聲稱自己是蟑螂,我覺得眼前這個賣布人可能也應該看看精神治療師;最後,我也想起了我的舊同事K1。

K1患了Katsaridaphobia,蟑螂恐懼症。

那一個下午,我記得非常清楚。大概三點吧,我們在辦公室裡安安靜靜的工作,忽然,有人大叫,然後,我看到K1衝到我這邊來,剛好就在我面前昏倒在地上。待她醒過來,我們才知道她看到了蟑螂。K1不是一個多言的人,她肯定是把這個秘密藏了很久,分外想跟我們說。

原來,害怕蟑螂的本來是她姐姐。有一次,還是小孩的她忽然想跟姐姐開玩笑,在家裡高聲的說:「蟑螂啊!」姐姐一驚之下,一直往前走,混亂之中竟然撞到玻璃窗去,血流披面。後來,媽媽把姐姐帶到醫院去,K1一個人跪在家裡清潔地上的一灘血,一抬頭,真的看到了一隻蟑螂靠近牆

角怔怔的對著她，一對觸鬚搖來擺去，K1心裡明白，蟑螂在責怪她了。從此，她就得了姐姐的恐懼症。

我們的老闆K2是香港人，工作得近乎狂熱了，一群同事都覺得他比較刻薄，想不到他對著還在戰抖的K1說：「蟑螂有什麼可怕，我們在香港叫牠做甴曱，你看」——K2正把這兩個字一筆一劃的寫在紙上——「有什麼可怕，你看，曱甴，一尾向上一尾向下，像兩隻滑鼠，是可笑。」

啊，你們知道嗎？很多人都把這兩個字寫成甴曱，是讀音誤導了，應該是曱甴。

K2素來喜歡向人表達自己的知識，特別是從各種媒體裡找來的。雖然K1的神情已經明顯的表示不想聽下去，但他可是老闆啊。K2繼續說：「曱甴一共有四千多種，比人類早幾億年出現在地球上，而幾億年來，牠都基本保留著自己的結構，從生物學的角度來看，是非常成功的。」

怪不得K2不斷的說蟑螂了，因為牠是非常成功的生物。而我們的老闆前生一定是蟑螂，有人偷偷的說。事實上，一群同事都懷疑我們的老闆患了很多老闆都患了的Kakorrhaphiophobia，失敗恐懼症。正因為他如此害怕失敗，所以把我們勞役得厲害，以為人人加班就是成功的保證。

當然，他絕對不覺得自己是個需要醫治的病人。

對，由甲撐得過時間的挑戰，牠古舊的身世在在證明牠的力量。K2還在講他的由甲，他續說：「相反來說，失敗本身就註定失敗，因為牠只有非常短的歷史，你看，古代的人會覺得自己失敗嗎？不會，因為他們非常清楚自己的位置，君君臣臣父父子子，各安其位，就做著自己要做的事，談不上失敗，有時候，做不到了，乾脆怨天，不關失敗。」K2認為，失敗是近代才出現並且普及的觀念，更有可能是從西方傳入的，他本人非常討厭它。

老闆這一番關於失敗的理論，很曲折，我們無言以對。後來，我們反復思量，領略到的意思大概是，老闆只是做著自己要做的事，即使勞役我們，也不能怪他，而他當然是君，我們就是臣。我們也同意，他所謂討厭失敗，是他不認害怕。然後，有同事更帶著天真的反問他：「不是常說，我們能從失敗汲取教訓嗎？既然如此，為什麼害怕失敗，為什麼喜歡成功？」

不過，當時，我們只是無言以對。而可憐的K1，在老闆不斷引用著蟑螂的時候已經再次昏了。

對了，你們讀到這裡，有沒有心水清的，發現我從上篇的I跳到這篇的K，那J呢？其實，以J為首的恐懼症只有兩種，一是Japanophobia，就是害怕日本人，二是Judeophobia，害怕猶太人。兩種病人都很多，至於病因，你們都猜到了，所以不談，我也不願談。

而K之下，恐懼症有十多二十種，包括：Kathisophobia，害怕坐下；Koinoniphobia，害怕房間；Kymophobia，害怕浪。

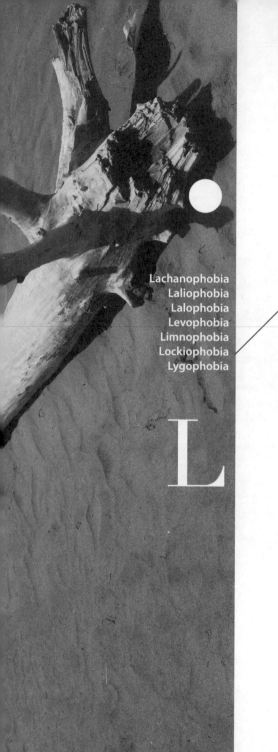

L

Lalophobia

Lygophobia

Limnophobia

Laliophobia

Lachanophobia

Levophobia

Lockiophobia

1

Lachanophobia	......恐懼蔬菜
Laliophobia / Lalophobia	......恐懼說話
Levophobia	......恐懼在我身體左方的一切
Limnophobia	......恐懼湖
Lockiophobia	......恐懼生孩子
Lygophobia	......恐懼黑暗

自右、和諧、棄暗投明

歷史是由當權者寫的,而當權者一如我們的父母,總是偏心的,因此同是觸目驚心的大事,有些就像不受寵愛的孩子,最好消失,就當家裡沒有這樣的人,歷史裡沒有這樣的事,但有些嘛,卻像天之驕子了,備受注目,年年家裡都替它做生日,歷史不能遺忘啊。

9/11肯定屬於後者。

彼時彼景,即使我們不想記起,卻也難以忘懷,就算我們真的忘懷了,媒

體也不會放過你，因為每年到了這個時候，總會做點紀念報導，今年碰上十周年，更厲害了，到處都看到9/11，9/11，9/11，你大概也碰過不少吧，不如我問你，你認為9/11為你帶來了什麼？

難嗎？這問題其實不是我，是一群藝術家發出的，他們之所以發出這問題，當然是他們早有答案了。這群藝術家認為9/11為他們帶來了充滿生機的兩個字：反恐。原來他們都是患了恐懼症的人。自從發生了9/11恐怖襲擊以致後來的反恐戰爭，他們雖然不愛戰爭，卻愛上了反恐。

他們高呼：化恐懼為力量，一起作反。

這群藝術家趁著9/11十周年辦了一個展覽，口號正是這個。這段日子，展覽的宣傳幾乎比得上9/11的報導了，到處都看到，而吸引我的，不單是展覽的主題，更是前往展覽的指示。是這樣的，按照指示，參加者離開他本來身處的地點之後，必須一直往右走，即使迂迴曲折，也不能向左。而展覽的地方選在我城的極東方，也就是極右方了。

我乖乖的按著指示，一直往右走，我粗略算過，該比我用所謂正常的途徑多花了足足四十五分鐘，但，奉藝術之名嘛，況且，我多走了四十五分鐘的路，也讓我多看了平時奉方便之名所走的路所不能看到的。

到了展覽的地方，人不多，我得以悠閒的讀著大門旁的解說，才知道我剛才如此這般來到這裡，已經完成了我的一個藝術行為，或行為藝術，L1叫它做〈自右〉。L1還寫著：我是一個Levophobia病人，在我八歲的時候，有天早上，我下床，清清楚楚的感覺我必須先穿右鞋，從此我就害怕在我身體左方的一切。

〈自右〉，L1說，不是他的美學，也不是他的政治，是他不能不作的事情，是他每天的掙扎，藉著這次反恐展覽，就變成了他邀請我們一起參與的藝術。

L1大概是這群藝術家最有名的一個吧，連展覽的路線也跟他的，所以我也繼續往右走，不過幾分鐘，我看到一道小門，我把門打開，馬上就聽到吵得千軍萬馬萬馬千軍的，但耳朵不像眼睛，沒有機關可以關起來啊，忽然我就可憐起我的耳朵來，一天到晚都張著，不累嗎？然後，我的眼睛開始活躍了，看到房間裡原來放了二十架電視機，播著各式各樣的視頻，音量是調到最高吧，很吵很吵。

我瞄到右邊還有一道小門，急忙的跑過去把它打開，裡面是另一個世界啊！很靜很靜，我在安定之後再小心看看，房間裡同樣放了二十架電視機，也同樣播著各式各樣的視頻，卻全都調到靜音了吧，因此，我只看到各式各樣的人不斷動著他們的嘴巴，無聲的。

這件作品是L2的，叫〈和諧〉。L2患了Laliophobia，亦名Lalophobia，恐懼的正是說話。L2說，她從小就口吃，慢慢連說話也不敢了，可是，長得漂亮的人就有漂亮的命數，當L2越來越少說話的時候，人家也越來越多表達對她的傾慕，認為這個有著美貌的少女居然還有教養有內涵有氣質，簡言之，不修藝術專業就是暴殄天物。

後來，L2果然入了藝術學院，再次證明個人與社會，生理與心理，註定與慾患的辯證關係。

從〈和諧〉我來到〈棄暗投明〉，是L3的作品。怎樣告訴你呢？〈棄暗投明〉顯然以視覺為主，很難用文字形容，或說，不該用文字形容，要看的，要感受的。就引述L3自己的解說吧：我愛光，作品是我與光的種種嬉戲，與光的種種周旋，與光的種種性行為。

說得真有趣，剛好叫我想到上個禮拜體驗過的〈暗中作樂〉演唱會。當時，我們與黑暗做了一些嬉戲，例如，告訴身旁兩位陌生人你的名字，例如，感覺座椅物料的質感。但，有一位演出的歌手的確呼吸困難。L3還說，她患了Lygophobia，黑暗恐懼症，很多人都有這個症，參加這次反恐展覽，就是要鼓勵同病們明目張膽幹自己想幹的。

化恐懼為力量，一起作反。他們認為如此才是反恐。

你知道嗎？以L為首的恐懼症有十七種，包括：Lachanophobia，害怕蔬菜；limnophobia，害怕湖；Lockiophobia，害怕生孩子。

Macrophobia
Medomalacuphobia
Megalophobia
Melanophobia
Mnemophobia
Mottephobia

M

Mottephobia

Macrophobia

Megalophobia

Mnemophobia

Medomalacuphobia

Melanophobia

Macrophobia	......恐懼悠長的等待
Medomalacuphobia	......恐懼失去堅挺
Megalophobia	......恐懼大的東西
Melanophobia	......恐懼黑色
Mnemophobia	......恐懼記憶
Mottephobia	......恐懼蛾

軟硬、大小、長短

化恐懼為力量，一起作反。還記得我最近去過的〈反恐〉展覽嗎？在我看完展覽之後開始一直往左打算回家之前，我先到了附近一家咖啡店喝了一杯賣得非常貴卻做得非常爛的cappuccino。於是我看看周圍的顧客，渴望碰到一雙跟我一樣意難平的眼神。

沒有，倒看到在我旁邊原來坐了一個文藝青年模樣的男生，很專注的翻著看著，啊，〈建築是藝術節〉，大概在挑選想看的節目吧，字體太小了，看不清，只看到幾句較大的放在頁右：

建築是以「有限」空間，見「無限」思維。──學生朱曉津

建築是時空的顯影液。──詩人凌越

我忽然想起了我只見過一次面的M1，和他的名句：

建築是堅挺的。──地產大亨M1

這樣一個跟我生活在完全不同世界的人，我一般是不可能見到的。我與M1有一面之緣，是托我朋友M2的福，她當時剛接受了M1的邀約，替他寫自傳，至於他們之間的事，我稍後再告訴你。好，說回我們碰面的酒會吧，M2介紹了我們認識之後，我順著他就談起我對建築的感受。我說：「我喜歡香港的太平山，因為在山頂，居高臨下，我覺得高樓沒有那麼高，大廈沒有那麼大，溫柔了。」

M1以大亨獨有的一種意態霍霍的對著我，冷冷的就說了前面我引述的那一句：「建築是堅挺的。」然後，轉身走了。然後，我跟我朋友M2聊起來，她說：「你沒聽過嗎？反正人人都在談，我也不怕跟你說，他好像患了一種恐懼症啊，學名叫Medomalacuphobia，就是害怕失去堅挺。」害怕

失去什麼堅挺啊？我問。M2說：「那還用解釋嗎，當然是指男人的東西了。」

怪不得。怪不得他要把一棟一棟挺直如陽具的高樓大廈插在我們的土地裡，怪不得他一抱孫子馬上對媳婦大加獎勵還讓整個城市都知道（他妻子生孩子的時候，M1還沒有發達嘛），怪不得我說建築有可能是溫柔的會叫他如此不安。M1害怕失去堅挺。

我懷疑我們的地產大亨會否多多少少都有這個恐懼症呢？

人，真有趣，明明差不多的五官四肢，卻生出了那麼不一樣的七情六欲。然後，生活裡頭就有很不一樣的關鍵字。看，像M1這樣的人，軟硬就是他的關鍵字。可是，像我朋友M2，她就從來不明白軟硬的意義。有一次，她打電話來問我，什麼是soft power？我試圖向她解釋，然後她說：「power is power，還分得清軟硬嗎？」

軟硬不是M2的關鍵字，是大小。

而她多年來都患了Megalophobia，害怕大的東西。根據她自己的分析，患了這個症，應該歸咎她的一位小學老師。這位老師常常常常跟她和其他的同學説，你們要有大志，做人必定要把握大是大非，大善大惡，大目標當然是入大學。M2常常常常聽著老師dadadadadada的，最後，也就變得對一切跟大有關的東西都害怕，尤其是大人。

但奇怪的是，她做的工作卻跟大人物很有關連。畢業以後，M2考進了全國有名的一本雜誌做記者，不巧就給指定做名人訪問，編輯認為她是女的，長得漂亮，有利。編輯的想法的確帶著性別歧視的意味，但不無道理。後來，我們知道M1邀請M2替他寫自傳，有人也半開玩笑的説，如果不是因為美色，M1怎會這樣做，難道他不知道M2的風格嗎？

M2的風格，簡言之，就是化大為小，化大人物為小事小情，最後，還原為小孩子。

雜誌因為還有其他同事做名人訪問，M2的稿子就起了與別不同的作用，而她也慢慢建立起自己的名氣。M1找她，她也答應了。終於，有第一稿了，寫的絕對不是M1的堅挺，或大，更多的是他藉著自傳之故而與她親近而讓她看到的日常生活種種細節，尤其多的是關於他穿褲子的習慣，例如，他穿起碼兩條內褲，例如，他的褲子都大了兩個碼，因為他不喜歡拉鍊，情願一下把褲子拉下來。等等。

M1馬上把M2辭退了。

糟了，原來我已經寫了將近1400字，快滿我可以寫的字數了——看來我的關鍵字一定不是長短——本來還想多介紹一位朋友給你認識，他是M1的裁縫師傅M3。他患了Mottephobia，害怕蛾。五歲的時候，他起床穿衣，忽然感覺褲子裡有東西動著，他趕快把褲子脫掉，飛出來是一隻肥大的蛾。從此M3就有了這個恐懼症。從此他就決定要自己縫褲子，確保安全，最終成了裁縫師傅。究竟為什麼自己縫褲子會確保沒有蛾在裡面，連M3自己也說不清。

反正，我們為什麼會害怕，說得清嗎？

你知道嗎？以M為首的恐懼症有近四十種，包括：Macrophobia，害怕悠長的等待；Melanophobia，害怕黑色；Mnemophobia；害怕記憶。

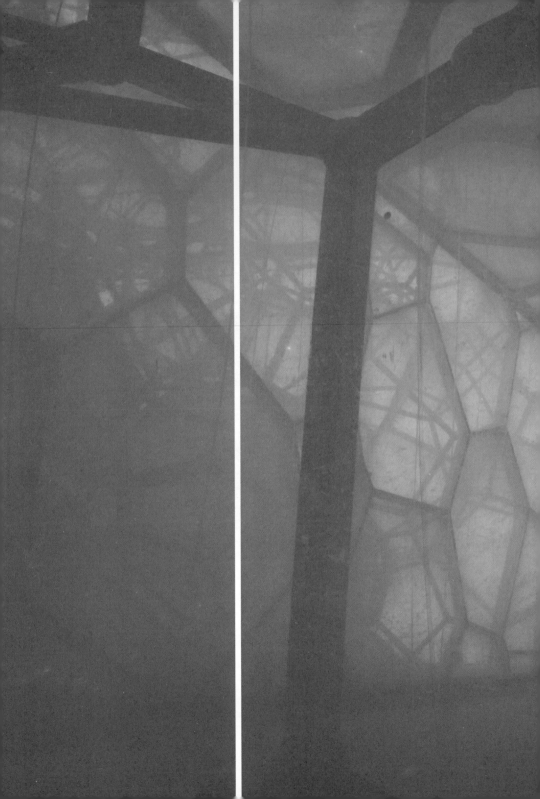

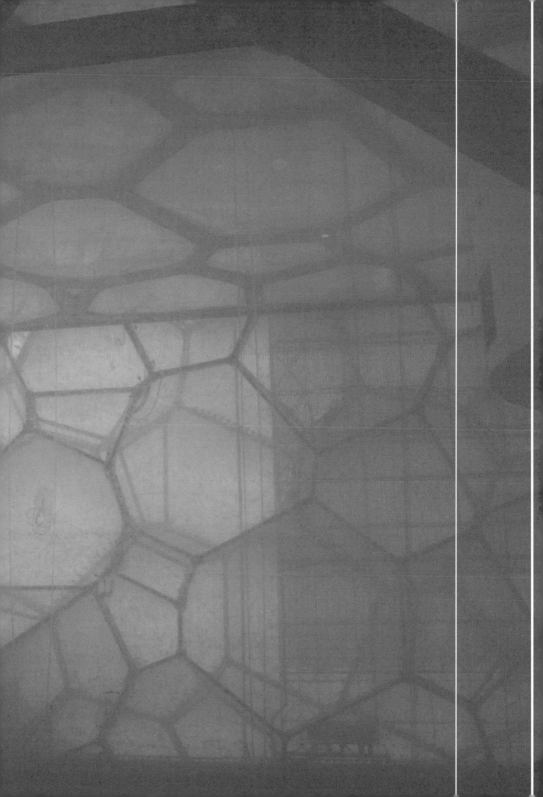

N

Nomatophobia

Nebulaphobia

Nucleomituphobia

Nelophobia

Nostophobia

Novercaphobia

n

不敢回家的三個人

每逢長假期，他們看著身邊的人興高采烈的回家去，益發感覺相依為命。

他們三個都不是本地人，來我城打工，理由跟其他流動勞工大同小異，不多說了，不如先說我跟N1認識的經過吧。記得我第一篇稿子裡頭寫過的A恐懼症嗎？其中一種叫Arithmophobia，數字恐懼症。N1看過以後，發信給我，說害怕數字算什麼，我的，才難過呢。

像N1這樣把痛苦做比較並且認為自己更慘的人很多，我一般都不作反應，啞子吃黃蓮，有苦自己知，實在不該比深淺吧。但，對N1的信，我還是覆了。因為，她告訴我，她患了一種相當怪異的恐懼症，學名叫Nomatophobia，害怕名字。

蝶是蝶，花是花，雨是雨，世上萬物有的大多是種類的名字，不是個別的名字，惟有人，人人都有自己的名字，N1說，為什麼？可她還是要接觸人啊，而結果往往是，她明明知道這個人是她認識的，但費盡心機都說不出對方的名字來，對方當然認為N1是高傲的，因此N1很孤單，也總在問，她明明記得這個人的一切，就是不記得他的名字，難道就不算是朋友嗎？

N1有一個希望，從今以後，我們不用名字了，都用編號吧，反正更配合這個講求效率的電腦年代。N1還相信，像她一樣患了Nomatophobia的人挺多的，不是嗎？誰會在一些重要人物面前直呼他的名字，好聽的就說是尊重，是禮貌，老實說，是怕。因此，只要有人提出這個看似沒有人性其實很合人性的編號替代名字方案，應該可以通過的。

這個假期，N1本來也計劃過回家的，爸爸媽媽就叫爸爸媽媽，無名的，無奈他們都愛叫女兒的名字啊。在全世界的人名當中，N1最害怕的就是

自己的名字。小時候，爸爸媽媽每次喊她的名字，她就覺得他們把一斤鐵放在她肩頭上，越來越重。

哎，我倒希望聽到爸爸媽媽喊自己呢，同樣沒有趁假期回家的N2這樣說。N2沒有回家的理由比較直接：他不敢回去。對啊，就是這樣，可是他的朋友都不明白他，因為，人家大多害了思鄉病Nostalgia，他患的卻是Nostophobia恐家症。

自從他離開老家上大學，每次回去，事前已經非常焦慮，途中更是不斷流冷汗。起初，他還安慰自己，近鄉情更怯，人之常情。慢慢慢慢，N2發覺情況不但沒有改善，倒像越來越壞。例如，回家了，一覺醒來，清楚覺得那根本不是自己的臥房，然後，他要找自己的東西嗎？總是找不到，很不安很不安，是那種本體上的不安。

直到某年春節，他們一家人似乎開開心心的吃著年夜飯，也似乎開開心心的看著春晚，忽然，N2從冒著香氣的米飯抬起頭來，看著電視上的小品，演員怎麼都啞了，而面前同桌的這兩個人，一男一女，似曾相識，是誰？

父母不再像小時候熟悉的父母，家也不再像小時候熟悉的家，一切變得極其陌生，N2就對著春晚小品大哭了一場，他的Nostophobia一發不可收拾。自此，N2就不敢回家了。

至於N3，令她放長假不回家的原因是她後母。她患了Novercaphobia後母恐懼症。

N3生母早死，三歲時，爸爸帶了一個女人回家，挺可親的，跟N3記憶中的媽媽有七分像。然後，這個女人就住在他們家，情況跟N3習慣的差不多，只是，基於她從來都沒有問也因此不明白的原因，爸爸叫女兒稱呼女人做姨姨。N3喜歡姨姨，姨姨常常跟她玩，也買零食給她吃。

問題出在N3上小學之後。有一次，她放學，一踏出校門，姨姨居然站在那裡等她，她很高興，大叫：姨姨，姨姨。想不到，她們之間就有了微微的裂縫，終於分隔兩個世界。第二天，N3如常上學，一踏入校門，就有同學問她，那個不是你媽媽嗎？為什麼叫她姨姨。終於，同學都知道，N3有一個後母。

而社會對後母一直都有偏見。大家都讀過《白雪公主》吧，後母多嫉妒多惡毒。還有二十四孝故事，冷得厲害，閔子騫的後母只給親生孩子暖衣，不理子騫。我們漢語不是説「晚娘嘴臉」嗎？都很清楚了。但，社會明明

知道妻子走了，男人通常都趕快再娶一個，為什麼偏偏把後母建構為類型壞人呢？我也很糊塗，不管如何，N3因為同學取笑，從此不敢再跟姨姨親近了。姨姨受傷了，N3也受傷了，不曉得誰得益了。

你知道嗎？以N為首的恐懼症有十七種，包括：Nebulaphobia害怕霧；Nelophobia害怕玻璃；Nucleomituphobia害怕核子武器。

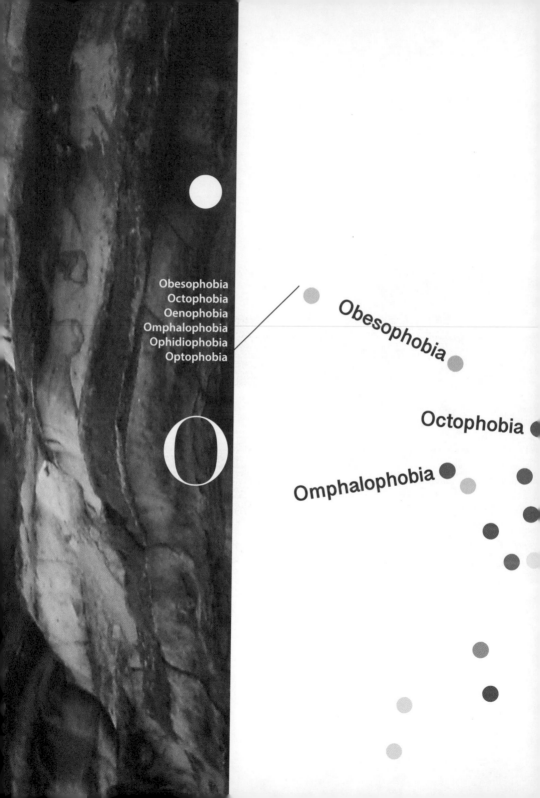

O

Obesophobia

Octophobia

Omphalophobia

Oenophobia

Optophobia

Ophidiophobia

O

Obesophobia	......恐懼體重增加
Octophobia	......恐懼數目字8
Oenophobia	......恐懼酒
Omphalophobia	......恐懼肚臍
Ophidiophobia	......恐懼蛇
Optophobia	......恐懼張開眼睛

肚臍鑽出一條蛇像8

假如你是你身體的一個器官,會對自己說什麼?

這是我最近給我學生做的一個小練習。我教的這個課程叫「性別研究」,既然性別跟身體關係密切,多一點感受自己的身體大概可以幫學生多一點瞭解自己的性別吧。我是這樣想。

看著他們一篇篇的文字,非常不安,原來我們的年輕人相當討厭自己的身體啊,享受身體的,一篇也沒有。寫手的,說討厭一早到晚都要勞動。

寫眼的，説討厭分分秒秒都在看。寫腰的，説討厭粗了一二三公分。然後，我看到O1這樣寫：主人啊，拜託，把我消滅吧。

他寫的是：肚臍。

由於肚臍頗有生命的意味，而這個學生又用上消滅這個字，我實在不放心，於是約他見見面。談了半天，最後我説：「你可能患了Omphalophobia，肚臍恐懼症。」

O1從小已經害怕肚臍，看，還可以，碰嗎？他試過馬上暈倒。所以，O1很早學會並且要求媽媽讓自己洗澡，他知道，只要避免碰到自己的肚臍，其他的，不難，反正我們的社會都不鼓勵甚至禁止我們暴露肚臍。有很長的一段時間，O1以為自己可以安靜的生活。直至Britney Spears(小甜甜布蘭妮)的出現。

她不但令很多女生愛穿露出肚臍的超短背心，還推動了一股臍環潮。從此，O1走在街上，打開電視，都會提心吊膽，怕會碰到穿著超短背心露出臍環的人，萬一碰到了，他一定會想到穿環的時候師傅觸碰拉扯肚臍的境況。

然後呢？我問O1。然後，我就會想到自己的肚臍，想到曾經有的臍帶，想到割斷臍帶時的一刻，就非常非常害怕。

原來他害怕重溫離開母體的暴烈，害怕生的苦。

多麼原始。我想起我的朋友O2，她也患了一種聽說相當原始的恐懼症，叫Ophidiophobia，害怕蛇。

聽說，患了這個恐懼症的人很多，他們不像我，我也怕蛇，但我怕的是給蛇咬，怕的是蛇毒，這個怕算是比較合理吧。而像O2這樣的病人，她們連電視上看到蛇，也會嚇得面無人色，這個怕就非理性了。

越是非理性的，越是原始，O2說。

從科學的角度看，是我們的祖宗嚐過蛇的傷害，慢慢變了人保護自己的一種本能。從宗教的角度看，大家都聽過伊甸園中魔鬼化身蛇引誘夏娃的事情吧，怎能不害怕呢？O2曾經這樣跟我說。

說來奇怪，人類倒沒有因此害怕蘋果，我也曾經這樣答她。

此事，輕慢不得啊，O2說：她很認真的把手機拿出來，她打了一串英文字，待手機出現她要找的網頁時，O2說：你看。

網頁上原來都是連結，我隨意打開其中一段視頻，看到某大美國有線新聞網路的女主播，貌似如常報新聞，忽然，慢鏡頭，焦點拉到她的嘴，旁白說，請留意她的牙和舌。在女主播時開時閉的嘴裡，怪事出現了，她的門牙忽然變了尖的，後面是一條開叉的舌尖。

O2說，我們周圍都有很多蛇人，他們懂得偽裝，看來和我們一樣，但其實是蛇的後代，剛才網頁上的連結都是蛇人曝光的視頻。O2按一按，手機又回到起初的網頁。我一看，都跟媒體有關，O2大概想到我的問題了，說，不是媒體特別多蛇人，應該是做媒體工作的蛇人較多被拍下來，曝光的機會較大了。

我忽然想起我的朋友O3，他會不會是蛇人呢？

我想起他，固然因為他是媒體人，更是因為他的一種恐懼症，他害怕數目字8，學名叫Octophobia。根據O3自己的解釋，他一看到8就會覺得一定是什麼頭咬著尾然後成了一個迴圈找不到生路，所以害怕。他說：看到人家溜冰溜一個8字，明明好像很流麗，於他，卻是死結。

因此，我懷疑，他有這樣的聯想以致恐懼，會不會洩露了他是蛇呢？

有一次，O3甚至在我面前批評人，說：真不明白為什麼周圍的人都喜歡8，不論房子手機日子，但凡牽涉數字的，都喜歡有8的，一個不夠，索性888888⋯⋯總之越多越好，有時他沉不住氣，問人幹嘛喜歡8，人家都說，發嘛，你不喜歡嗎？O3說，我好怕8啊。人家都笑他。

O3理直氣壯的對我說：喜歡8，害怕8，都是同一道理，就是沒有道理，他們憑什麼笑我？我越來越懷疑，O3是不是人。

你知道嗎？以O為首的恐懼症有二十多種，包括：Obesophobia害怕體重增加；Oenophobia害怕酒；Optophobia害怕張開眼睛。

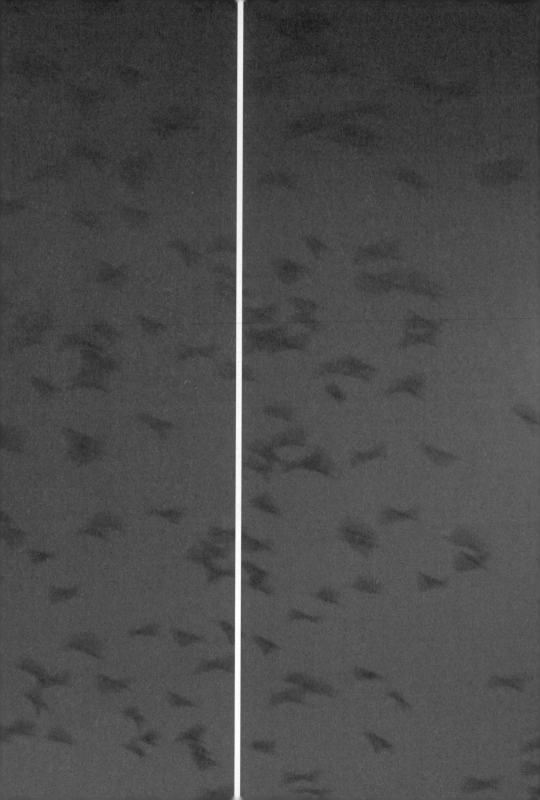

P

Philemaphobia

Phobophobia

Paraskavedekatriaphobia

Pluviophobia

Peladophobia

Pupaphobia

Philematophobia

P

Paraskavedekatriaphobia	......恐懼13號星期五
Peladophobia	......恐懼禿頭的人
Philemaphobia / Philematophobia	......恐懼接吻
Phobophobia	......恐懼恐懼
Pluviophobia	......恐懼下雨
Pupaphobia	......恐懼木偶

下雨木偶恐懼恐懼

我在這家旅館的時候,常常想起我上次介紹給你認識的朋友O3,患了Octophobia的他如此害怕8,而這家旅館又是如此迷信8,每個房間,不管樓層,號碼一律由8開始。假如不巧O3訂了……

我在這家旅館的時候,也常常想起我要介紹給你認識的另一個朋友P1。旅館迷信8,或説旅館迷信住進旅館的人都迷信8,理由相當明顯,8一定發,多8也就一定多發。而基於同一道理,旅館的設計以水為基調,水為財嘛。例如沙發,床單,窗簾的布料都印上了雨點。假如不巧P1訂了……

P1患了Pluviophobia,害怕的是下雨。

那一次，我們一群人談著週末的郊遊。有人說，不如上網查查天氣才作實吧，P1馬上開口，一開口便把未來幾天的天氣預告清清楚楚詳詳細細的說出來。我非常驚訝，但當時只顧繼續討論郊遊，到了郊遊那一天，我趁機會問他是否是天文氣象控。P1說，不是，他只是害怕下雨，不得不時時刻刻留意著天氣預告，只有明知放晴的日子他才會出門，而出門的時候還是帶著雨具，只怕萬一。

你知道我們年底的雨水是從印度而來的嗎？P1問我。老實說，活在今時今日，連蔬菜水果我們也懶得理會它們的原產地了，只要價廉物美，誰管來源？

根據季候風向以及地理條件，P1說，從印度蒸發的水氣極有可能飄移到東亞，再下降為雨，你也不是沒有看過印度的照片吧，到處乞丐，甚至死屍，我實在不能想像滴在我頭上的雨點就是從一具正在腐爛的屍體而來的。

P1對印度太有偏見了。不過，我沒有這樣跟他說，因為他眼睛透著的恐懼叫我不忍質問。P1還說，我研究過了，我們年中的雨水大多來自非洲，也就是雨水極有可能沾滿當地戰亂的血。

事實上，我們的世界處處骯髒，從哪裡來的水氣而成為下降到我們頭上的雨水都是可怕的。這是P1作出的結論。

我想起我另一個朋友P2。跟P1剛好相反，就算天暗得快塌下來，她也不會帶傘的。P2不是不怕大雨淋頭，但她更怕打著傘時遇上大風而被拉扯的感覺，會叫她發現自己是木偶。P2害怕木偶。

P2患的恐懼症學名是Pupaphobia。首次病發在97年她去倫敦Museum of the Moving Image參觀的時候，罪魁禍首是皮影戲。原來館內展示的電影歷史上溯到印尼的皮影戲，而除了讓她看到皮影戲的紀錄片以外，一角還放了幾個皮影木偶，P2左看右看，難以平衡一邊的死靜與另一邊的活動，從此便害怕木偶。

禍不單行。當P2結束倫敦之行回到老家那一天，城裡大風雨，街上人人打著傘，努力前行，卻被強風拉扯著寸步難行。當中的歪斜如果由我來形容也許會說像跳舞，但看在剛從倫敦回來的P2眼中，被拉扯著的人們彷彿都是木偶，雨絲就是線。

從此以後，即使天多暗，雨多大，P2也不肯帶傘，打傘。她害怕木偶，她害怕發現自己也是木偶。

十多年來，P2越來越覺得身邊的人是木偶，因此也越來越少往街上跑了。我想起我另一個朋友P3，情況剛好相反，他常常在人群當中，幾乎不回家了。他患了Phobophobia，恐懼的正是恐懼。

恐懼恐懼？是啊，P3說。連他的心理治療師也這樣問他。恐懼恐懼，負負得正，很簡單，不就是一無所懼？但，P3的病是真的病，他的難堪也是真的難堪，不是形而上的討論，不是邏輯的推論。

P3常常反問，渴望渴望的人，難道因此就有渴望嗎？懷疑懷疑的人，難道因此就不懷疑了嗎？討厭討厭的人，難道因此就不討厭了嗎？他可以如此這般列出13個例子，證明他即使恐懼恐懼，也依然非常恐懼。

由於P3的恐懼沒有固定而具體的物件，心理治療師也沒有辦法了，P3只好替自己想出一些對策。他發現假如能夠讓自己分心到一個程度什麼也不想，也就不會想到什麼恐懼了。因此他常常在人群當中，藉人家的一舉一動來忘記自己的一恐一懼。

有時候，P3覺得人群跟他一樣，都在恐懼恐懼。

你知道嗎？以P為首的恐懼症非常多，有六十多種，包括：Paraskavedekatriaphobia害怕13號星期五；Peladophobia害怕禿頭的人；Philemaphobia或Philematophobia害怕接吻。

Q R

Ranidaphobia

Rhytiphobia

Radiophobia

Radiophobia ......恐懼愛克思光
Ranidaphobia ......恐懼青蛙
Rhytiphobia ......恐懼皺紋

X光叫蟾蜍長滿皺紋

記得我問過你這個問題嗎？從A到Z，你最害怕的字母是哪一個？

當時，我告訴你，我小時候最害怕的是Q，總覺得它擺著小尾巴的，會
動，像一隻鬼，大抵是我看得太多日本動畫《Q太郎》了。不過，後來讀書
讀到酷兒理論，又為到Queer這個字喜歡上Q，好Q啊！

後來當我不害怕Q了，我越來越覺得它可愛。看，單說它的尾巴吧，大寫
的Q拖著的跟小寫的q拖著的居然不一樣，QqQqQqQqQq，我看著看著

就真的以為魯迅的阿Q正在搖搖擺擺的過路去，從左到右。後來當英文字cute以至它所經營的文化在我們社會廣泛流傳，它的發音太像Q了，更覺得Q很cute。

難怪沒有以Q為首的恐懼症。

不過，即使如此，我還是因此和R1認真的辯論過，她説，她認為Q不是拖著尾巴，是它的一條皺紋不安分的長出來了。皺紋？直到辯論尾聲，我才發現原來R1患了Rhytiphobia，皺紋恐懼症。

當然，大抵你也跟我當時所想的一樣想著，女的哪個不害怕恐懼？事實上，假如你上網查查什麼什麼百科的，你會看到「出現皺紋是人體功能開始衰退的標誌」，那明明是男男女女都有的生理現象，但百科繼續這樣寫：「一般來説，如不注意保養，女性在28歲以後開始皺紋增多，年齡越大，皺紋越多。」

突然，皺紋好像變了女人的事。

但，R1的恐懼的確比一般女的深，就像她連Q也看到一條皺紋來。早上她花來護膚的時間多得夠她學會三國語言，用來拉面皮的手術費夠她環遊三次世界。奇怪的是，R1說，她以前其實很喜歡皺紋的。她覺得我們面上的皺紋一直一橫的很像筆劃，像在説著什麼故事。R1每看到一張面，都會努力讀著讀著。

可惜，有一次，R1看到一張面，更準確的説：是一張肖像畫，是某個國家的某個領導人，按理該是中年吧，可他的面上連一條皺紋也沒有，完美無瑕，卻一點也不青春，幾乎是超現實風格了，而R1也因此無法從他的面讀到什麼故事，只看到荒謬。當時的驚恐，R1至今難忘，從此，她一看到皺紋就想到這個領導人的面。

由於恐懼皺紋，R1卻認識了一個朋友R2。旅居海外的R2在他的一篇博文裡表示，多照X光，多有皺紋。

R2在博文裡提出了很多論據，我也不一一複述了，反正我也不能確定其中的科學性，並且忘了。反倒是R2解釋自己患上Radiophobia愛克思光恐懼症的緣故，我卻記住了。小學的時候，有同學說自己的錢包不見了，老師二話不説，馬上叫所有學生站起來，首先把身上的東西全部拿出來，沒有，老師再叫所有學生把書包放在書桌上，一個一個的檢查，最後同樣什麼也找不到。

正當老師與同學如常繼續上課的時候，他們都不知道R2心裡天翻地覆，他深深的覺得有些什麼被污蔑了被侵犯了，後來才學到這些什麼原來叫隱私。小學檢查事件後，R2一直逃避檢查，居然相當成功。到大學畢業，他得到海外升學的機會，很開心啊，就在過關的時候，正常地，他要穿過機器，異常地，R2清清楚楚感到X光掃過身體所有部分，上上下下左左右右前前後後的檢查。

他害怕。R2發誓不再碰到X光，因此，他也再沒有回國了。

看過R2博文而向他發問而成為他朋友的，不單有R1，還有R3。R3關心的是：蟾蜍是否在進化過程之中曾暴露於X光下因此滿身皺紋？R3患了Ranidaphobia青蛙恐懼症。

關於這個恐懼症，醫學界的確做得不夠仔細，青蛙分為蛙和蟾蜍，而R3並非所有青蛙都害怕，他害怕的只是醜陋的一種：蟾蜍，不過也一概被稱為Ranidaphobia病人。本來，R3的恐懼也不至於病態的，他只是覺得蟾蜍難看，但後來，他因為信仰多看了《聖經》，而偏偏《聖經》之中最被邪惡化的動物除了蛇外，大抵就是青蛙了，不但被形容為不潔的，也能帶來瘟疫。

罪惡之城啊，天會降下青蛙的。

而由於R3認為自己身處的城市也很罪惡，換言之，隨時天會降下青蛙，他想起的，是滿街滿巷的蟾蜍。所以，非常惶恐。

我可憐他。有天我藉R2認識了他，一定介紹他聽聽Alice in Chains*的歌〈青蛙〉。你聽過嗎？歌之所以叫〈青蛙〉，據說因為錄音時有意無意錄了錄音室附近的青蛙聲音，也就成了歌的背景，但歌是有關友誼的。「朋友對你來說，是什麼意思？／兩個如此被錯用被濫用的字／你是否和我一樣感到迷惘……」

對，我希望讓R3知道，有時蟾蜍比人更夠朋友。

你知道嗎？以R為首的恐懼症只有八種。

---

* Alice in Chains：美國搖滾樂團

Sciophobia
Sciaphobia
Scolionophobia
Scriptophobia
Selenophobia
Sociophobia
Symmetrophobia

S

Sciophobia

Sciaphobia

Scolionophobia

Selenophobia

Sociophobia

Symmetrophobia

Scriptophobia

S

我們的烏托邦

有時候，我非常糊塗的想著，究竟是負責管治的人太多害怕，因此老百姓也變得神經兮兮的，還是老百姓太神經兮兮了，因此負責管治的不得不害怕起來。

我糊塗的想著，沒有結論，只發現因著種種的恐懼，我們中間倒出現了不少奇怪的組織，它們毫不糊塗並且非常清楚的追尋它們的烏托邦。

我糊塗的想著，都怪上次跟你介紹的R3，就是患了青蛙恐懼症的那一

位。他不是害怕天上隨時掉下一隻又一隻醜陋的蟾蜍嗎？於是，為了避免惡事發生，他搞了一個組織，就叫「我們的烏托邦」，目的就是找些志同道合的人，一起建立更理想的地方。

例如，R3努力爭取的，就是在整個城市之上拉一個龐大的天幕，那麼不是可以避免蟾蜍掉到地上來嗎？

支持R3的，到日前為止，有十三人，其中之一是S1。天幕？好啊，那麼，我們同時可以在幕上密密麻麻的安裝世上光度最強的投射燈，垂直的射向人間，那麼，我們就不再有影子了。

原來，S1患了Sciophobia（一說Sciaphobia），害怕影子，所以，他的理想地就是一個沒有影子的城市。

根據S1妻子的說法，丈夫本來就跟平常人一樣，安安分分的拖著影子做人。可是，某一年，在他發表了一些什麼之後，他開始發病了，一走出家門，就覺得有人跟蹤他，他突然停步回頭，卻又找不到跟蹤他的人。

慢慢慢慢，妻子說：S1認為，這個跟蹤他的人其實就是他的影子，任務就是找出他的一切，告密去。慢慢慢慢，他看到城中的影子們一個個背著它們的主人，在私語。他很害怕。

然後，S1努力的擺脫影子。假如看到影子在面前，他就趕著希望趕過它；假如影子在身後，有時激動起來，索性躺下來希望把它壓死。可惜，他知道，影子還在，現在，他惟有寄望於「我們的烏托邦」，爭取一個滿是投射燈的天幕。

由於這個組織所談的通常不關善惡，超越道德，倒有相當大的包容性，吸引了不少渴望另類烏托邦的人，好像S2。她心目中的城市不一定拉了滿是投射燈的天幕，雖然她不介意。

S2爭取的是一個不對稱的城市。

她有這樣的渴望，是因為她患了Symmetrophobia，害怕對稱。當然，假如你跟她這樣說，她一定跟你辯論，不是她害怕對稱，是你還有很多很多的人太害怕不對稱，是你有病。

然後，S2會向你舉很多很多的例子，證明人類一直害怕不對稱，例如，藝術，世界明明滿是歪斜顛倒，可做藝術的還有評論藝術的人都愛對稱，

本身已經是一種偏差，毫不對稱。而S2最討厭的就是達文西的曠世名作《Vitruvian Man維特魯威人》，據說就是以一個人體的對稱引出宇宙的對稱，以及種種相關的概念，例如平衡、和諧。

呼應著這些對不對稱的害怕，她舉目觀看，四周的建築都是四平八穩，方方正正，對稱、平衡，而和諧的。S2只覺虛偽、病態。假如你跟S2說，對稱、平衡、和諧，不但美，也自然啊，你可能應該看看醫生了，假如你真的這樣跟S2說，她一定會牽著你的手，把它按在你的胸口。

S2會氣定神閑的跟你說，聽聽你的心，它是偏左的，聽聽你的呼吸，你的左肺與右肺也是不對稱的。我們的存在就是靠不對稱、不平衡、不和諧啊。

前天，S2還在「我們的烏托邦」裡提出她的城市願景，是這樣的：只有城左蓋房子，而房子都是心型的。不過，她的偏心城並沒有得到太多關注，不是因為沒趣，而是因為組織的成員忙著應付另一個令他們不知如何應付的人：S3。

患了Scriptophobia的S3害怕在公共地方寫字，不管是自己還是人家。他最近參加了「我們的烏托邦」，希望大家支持他建立一個不許公共地方寫字的城市。S3還說，其實很多人都跟他有同樣的恐懼症，已經暗中結盟，策略是加入教育工作，不斷要學生在課室裡寫啊寫啊寫到怕了，連室內寫字也怕了，也就不會在公共地方寫字了。

可惜，雖然結盟者已工作多年，市面上看到寫字的機會的確少了，但還是有。S3希望爭取立法禁止。

「我們的烏托邦」素以包容著名，但面對S3，也就出現了典型的包容問題：包容的人能否連不包容的人也包容呢？

你知道嗎？以S為首的恐懼症有四十四種，包括：Scolionophobia，害怕學校；Selenophobia，害怕月亮；Sociophobia，害怕社會。

T

Taphophobia

Trypanophobia

Tyrannophobia

Taeniophobia

Taphephobia

Theatrophobia

Thalassophobia

t

Taeniophobia	. . . . . . 恐懼絛蟲
Taphephobia / Taphophobia	. . . . . . 恐懼活埋
Thalassophobia	. . . . . . 恐懼海
Theatrophobia	. . . . . . 恐懼劇場
Trypanophobia	. . . . . . 恐懼打針
Tyrannophobia	. . . . . . 恐懼暴君

圖書館裡的三位天使

如果有天堂，那應該是圖書館的模樣。

此話出現在一本內地雜誌的專題引言裡，是博爾赫斯說的，專題就叫
「我心中的那座圖書館」，幾個月前，雜誌編輯問我，如果有機會可以完
全按照你心目中理想的狀態搭建一所圖書館，你會如何安排？

以一條蛇的姿態，在城市裡穿來插去；我覺得一個城市如果能夠看見書
在當中流動，是美好的。當時，我這樣在電郵上答。輾轉之間，雜誌來到

我面前，打開來，就看到博爾赫斯這句話。如果有天堂，那應該是圖書館的模樣。

忽然發現，我也很久沒去過天堂。

踏進城東的圖書館，快黃昏了，夕陽低低的斜斜的剛好照在我每次到這裡來都會碰到的三個人。在這異常安靜的空間裡，三個人，一如以往，非常專注的讀著一本非常厚的書。他們也真像天使。專注的人都像天使。

右邊的叫T1。我肯定他正在讀著的書是關於人權的。我也肯定他並非真的坐著，只是靠著椅子半站著。我曾經問他為什麼，他說：假如他坐下來，會想起如坐針氈。他怕。

T1患了Trypanophobia打針恐懼症。

六歲那一年，他打針的時候，不知是自己不安分還是護士不小心，總之結果是，針斷了。從此，他害怕打針。一直以來，這個病沒有為T1帶來多大的麻煩。首先，他媽媽當然再也不敢讓他打針，到他成人了，自己可以決定了，即使醫生建議，他也一概拒絕打針。麻煩出現在，他和他妻子有孩子了。

然後，T1便明白，養孩子不單是私事，也是公事，而叫他非常專注地探究個人與社會的權利關係的，正是他孩子打針的問題。

基於爸爸的恐懼症，當然不想讓孩子打針。T1完全可以預測，假如孩子打針，必然遭遇同樣斷針的命運，但，活在現代社會，孩子出生後，規定必須打種種預防針啊。T1用盡一切辦法，費盡一切唇舌，可規定就是規定，官員就是官員，答案是，針必須打。

必須打？T1就是不忿，於是想到，好，就打，打官司吧。

千想萬想之下，他想到從人權的角度爭辯，主要的論點有二：一、人人有權決定關於自己身體的一切，不容外界侵入（像針）；而因為他孩子還是孩子，所以二、父母有權決定未成年兒女的事情，不容外界介入（像社會）。

可孩子快出生了，T1還沒有找到受理這場他認為是世紀官司的律師，因此，他常常到圖書館來努力的看書，最終希望自己出庭。

三位被夕陽照著的天使，中間的叫T2。我肯定她讀著的書是關於倫理道德的。我也肯定她這時與T1耳語著的統統都是法庭官場的壞話。她曾經告訴我，法庭官場一如劇場，常常上演亂倫的戲。

T2患了Theatrophobia劇場恐懼症。

但，與亂倫有什麼關係？你知道嗎？T2引經據典的説，古希臘文化有三個
重要元素：做戲、審訊、議政，三種活動都有很強的表演成分，進行的地
點也差不多，並且是當時每位公民有責任參與的，三者各有運作，互有呼
應，本來是很美好的一個體制。

後來，劇場上演了戀母弒父的悲劇《Oedipus伊底帕斯王》，法庭官場認
為劇場諷刺他們，馬上立例，從此才禁止亂倫。T2看過了這段古希臘歷
史之後，總覺得假如能夠多明白亂倫，也許可以多明白法庭官場，最終也
許可以多明白劇場，可以不再恐懼。

在T2左邊的是T3。我肯定他讀著的書是關於活死人的。我也肯定他放
在地上的背包裡起碼有兩罐在網上買來的氧氣和一把斧頭。他曾經告訴
我，以防萬一。

T3患了Taphephobia（一説Taphophobia）活埋恐懼症。

以前，T3以為自己跟很多人一樣，只是害怕墳場。有一次，他看電影《Kill Bill追殺比爾》，其中一幕就是活埋，他給嚇得馬上跑出電影院。從此，他常常擔心自己也給活埋，尤其是這個地面常常給挖開的城市。從此，他不再坐地鐵，不再到任何地下的空間。從此，他努力賺錢，希望搬到更高的樓層，給活埋的機會，他認為，會比較低。

從此，他也愛上看活死人的書，死了明明該在地下卻如活人般走在地上，比活著明明該在地上卻如死人般埋在地下好。T3說，對他來說，活死人的書一如漫畫，讓他輕鬆的。

你知道嗎？以T為首的恐懼症有三十多種，包括：Taeniophobia，害怕條蟲；Thalassophobia，害怕海；Tyrannophobia，害怕暴君。

V U
W U

Uranophobia

Vestiphobia

Urophobia

Verbophobia

Wiccaphobia

Venustrophobia

Uranophobia	......恐懼天堂
Urophobia	......恐懼小便
Venustrophobia	......恐懼漂亮的女人
Verbophobia	......恐懼文字
Vestiphobia	......恐懼衣服
Wiccaphobia	......恐懼巫術

女巫不用文字想像天堂

假如真的有天堂，你覺得是怎樣的？

長滿鮮花的，鋪滿白雲的，鑲滿鑽石的，住滿俊男美女的；或是，一如上次我引述博爾赫斯所說的，放滿圖書的。

我面前是一群大學生，而年輕人應該有天堂的想像吧，於是我問他們。主修歷史的U1馬上舉手說，他的天堂是一個想像不到天堂的地方，原因？他害怕天堂，他患了天堂恐懼症Uranophobia。

害怕天堂？

其他同學幾乎同時發出詫異的反問。其中一位說：「你去過天堂嗎？怕什麼？」U1一定是聽過太多如此這般的反問了，氣定神閑的答：「你去過地獄嗎？可你不怕地獄嗎？」

然後，U1以一種超乎他年紀的滄桑向我們解釋，都怪他的老師。十四歲那--年，老師叫他們作文，題目是天堂。然後，U1以一種超乎他年紀的怨憤伸手指向大學校園不遠處的高樓大廈以及灰灰的天，說：「活在這裡，我怎能想像天堂？」

不是正正因為活在這樣的塵世裡，我們才更會想像天堂嗎？

我幾乎回應了，但U1的問題顯然並不渴求答案，他想像不到天堂，於是胡亂寫了一篇文章，於是受了老師一番責罵，於是生了一個念頭：他希望有一天想像得到天堂。

U1雖然想像力不夠，卻不表示他不好學啊。他開始翻書查典，最先也最常碰到的，是宗教。奇怪的是，經書有關天堂的金句非常少，但教會有關

罪人如何得到救贖進入天堂的教導卻非常多，並且非常迫切，迫切得甚至發動聖戰了，古往今來，死了傷了多少人。

U1開始害怕天堂了。

也是在這個時候，U1開始喜歡歷史了。他慢慢覺得，假如他真的有機會窺見天堂，不是在未來，是在過去。他慢慢覺得，像很多恍似超乎歷史的概念一樣，天堂其實是有歷史的。

太遠的，U1還未追溯得到，但近代史嘛，他很仔細的讀過了。他發現，除了宗教以外，最有天堂情結的相信就是政治了。當然，政治（思想）家們都不直談天堂，卻努力在人間建立烏托邦，可是連場革命之中，U1所看到的有時更像地獄。

因此，U1考進大學之後，決定選修歷史，連博士研究題目都定好了：假如天堂不是天堂，地獄不是地獄——論世界史必須重寫。

坐在U1後面的一位同學聽到這樣的題目，興高采烈的說，好啊好啊，既然重寫，可否不用文字？

同學叫V1,平時不發一語,她居然說話了:可否不用文字?我因此閃過一個觀察,V1似乎從來沒有穿過很多年輕人都愛穿的sloganT恤,我似乎不曾在她身上讀過:朋友請自尊;喂別煩我;父母才難教;我向毒品說不,毒品卻不聽我;他是同性戀者→⋯⋯

像今天,V1穿的文化衫只有圖案和顏色。可否不用文字?我懷疑V1患了文字恐懼症Verbophobia。我不敢當眾問她,況且她提出的確實有意思,於是我發了一個我認為永遠有效的問題:為什麼?

V1默然,表情介乎笑人愚蠢與難以表達之間,終於,她開口了:「我們一上學,便學字,學了很多很多方法閱讀文字,但其他非文字的,我們卻很少很少練習如何閱讀,好像圖案、顏色、氣味、姿態等等。」

V1居然說了一大串。然後在她左面的同學補了一句:「還有感官以外的,我們也不懂。」

例如呢?我又發了一個我認為永遠有效的問題。W1早有準備了,說:「巫術。這個世界到處都有巫師,男的、女的、老的、幼的,我媽媽就是女巫,我很害怕。我小學的時候已經告訴班主任了,後來他們卻說我患了巫術恐懼症。」

W1説了一個長長的字，應該是Wiccaphobia吧。

他們都不懂，不斷跟我説沒有的沒有的，世上沒有巫術的，你的媽媽也不是女巫。W1説得很著緊，像我們也不相信她了。

事實上，W1説，到處都有巫師，他們還暗中聚會呢，美國有兩所巫術學校，分別在芝加哥和薩利姆。

我看著W1，V1，和U1，好想跟他們説：W1，我相信啊，世界的確有巫術有巫師，很多人正以我們看不到的方式支配著我們；V1，請以圖案和顏色盡情生活吧；U1，快去重寫歷史。

你知道嗎？以UVW為首的恐懼症不多，不出十種，包括：Urophobia，害怕小便；Venustrophobia，害怕漂亮的女人；Vestiphobia，害怕衣服。

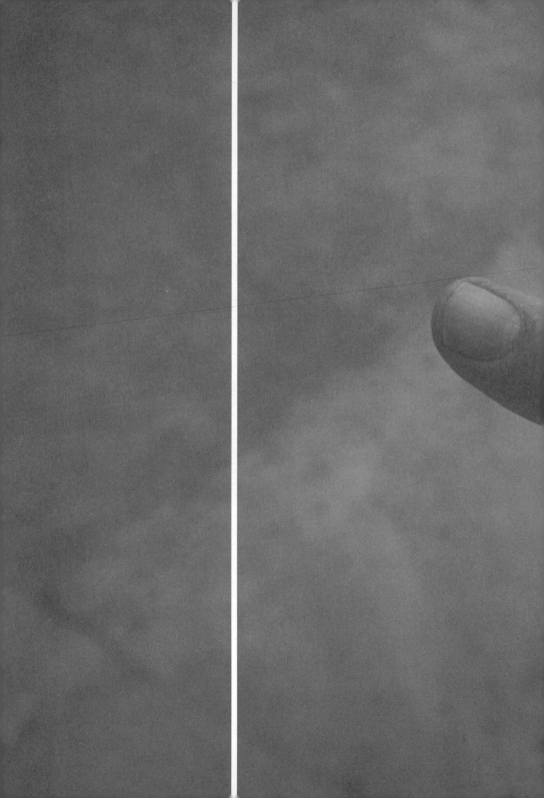

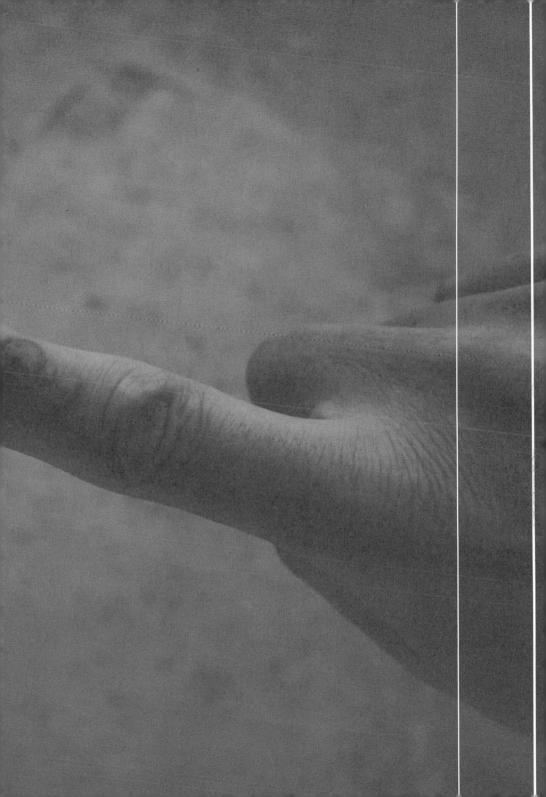

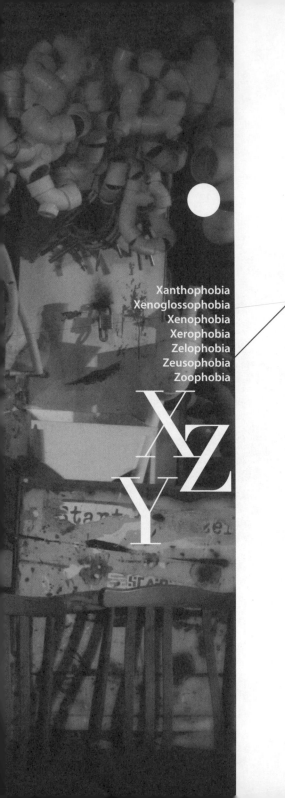

X Z
Y

Zeusophobia

Zelophobia

Zoophobia

Xerophobia

Xanthophobia

Xenoglossophobia

Xenophobia

Xanthophobia　　　　　......恐懼黃色
Xenoglossophobia　　　......恐懼外語
Xenophobia　　　　　　......恐懼外地人
Xerophobia　　　　　　......恐懼乾燥

Zelophobia　　　　　　......恐懼嫉妒
Zeusophobia　　　　　　......恐懼神
Zoophobia　　　　　　　......恐懼動物

本外/人獸

假如我們什麼都不怕。

但，事到如今，我不得不承認，這句話與其説是想像不如説是奢望。我奢望我能無懼地生活，但，我什麼都害怕，我害怕開始，我害怕結束，我害怕開始時想到結束，我害怕結束時想到開始。

我在這裡向你介紹我所認識的恐懼症，要結束了。

於是，我想到開始寫A時我答應自己的：當我寫到Z最後一篇的時候，我必須鼓起勇氣，跑去找個心理醫生叫他好好幫我克服我一直不敢面對的。

我在城中找來找去，終於找到這一家開在北區的診所。我的恐懼症朋友告訴我，診所很受歡迎的，必須預約，他們還計劃24小時營業，並且在CBD多開一家，那邊病人特別多。

來到門前，果然已經排了人龍，長度跟我平日看到新房子發售時排的差不多。我因為一早預約了，順利坐在非常擁擠的候診室裡。坐著無聊，四圍觀看，左面牆上一如許許多多候診室一樣，掛著一張大大的字畫，奇怪的是，上面寫的四個楷書大字並非「懸壺濟世」或「妙手人心」或「再世華佗」。

是「禁說外語」。

我其實並不清楚什麼是外語；是家族以外的，街區以外的，城市以外的，國家以外的，還是地球以外的語言。但我好奇，只好冒險說著我估計至少護士會接受的本地話，問她，為什麼不可以說外語？

護士看來比我還要疑惑，問我：你不是也患了Xenophobia嗎？我搖頭。護士再說，看來你不知道我們北區最近出現了瘟疫，人人都患了Xenophobia，非常害怕外地人，雖然還沒有確實，但幾乎肯定病毒是從外地由外地人帶進來的。

我其實並不清楚當中的邏輯，但我懷疑護士也受感染了。護士還說，患了這個恐懼症的人，大多同時也患了Xenoglossophobia，害怕外語，為了避免刺激病人，所以這裡禁說外語。我再看了一眼那大大的字畫以至字畫下的病人，半帶樂觀的問，他們湧來求診，病情不算太壞吧。

你誤會了，護士笑著說，他們不是為自己來的，是為了他和她和他和她，你看到那邊穿著藍色外衣的四個人嗎？他們是外地人啊。自從出現瘟疫後，北區的人組了捍衛隊，一起壯著膽，天天跑到路上看到不守本地習慣而被認出的外地人，就把他們綁起來，帶到這裡，要求心理醫生想辦法改造他們，叫他們變得不再可怕。

什麼辦法？例如，護士說，他們一說外語，就電他們。可是可是，我忽然想起來，你剛才說的這兩個病名不也是外語嗎？然後，護士好像魔鬼上身般，拚命掌著自己的嘴巴，一邊喊著：禁說外語禁說外語……

這時候，右面有門打開，另一個護士喊著我的名字。正好，我帶著怒氣走進醫生的房間，質問他：「你怎麼幫著大眾欺負小眾？」

醫生大抵也知道自己理虧，馬上明白我的指責，答：「我也不想的，是他們逼我。」逼？這位看來確實相當仁慈的醫生繼續說，是啊，因為我患了Zoophobia。

我知道，那是我手上恐懼症名單上最後的一種，害怕動物，聽說，佛洛伊德認為那是兒童最常見的精神病之一，例如害怕貓，害怕蛇，害怕蜘蛛，也有但凡非人類動物都害怕的。醫生說，他就是這樣。

但，我說，害怕動物跟治療外地人禁止說外語有什麼關係？醫生反問我，一大群人來勢洶洶的時候，你覺得像什麼？我幻想了一下，說，大多像禽獸。

對啊，醫生説，所以我害怕。可這個世界偏偏太多像我這樣害怕禽獸的個人，同時偏偏太多像他們那樣像禽獸的群眾，於是他們把握了我的恐懼，逼我幹我不想幹的事。身為醫生，我知道明明是他們感染了病毒，明明是他們自己需要治療，卻硬説人家才需要改造。每次他們帶著要我改造的人來到我們這裡，我就看到他們如狼似虎。

然後，醫生的雙眼閃著一種叫我心寒的光芒，説：「不瞞你説，我覺得我最害怕的，其實，是人。」

你知道以X為首的恐懼只有六種嗎？例如Xanthophobia，害怕黃色。例如Xerophobia，害怕乾燥。以Y為首的，一種也沒有。至於以Z為首的，只有四種，例如Zelophobia，害怕嫉妒。例如Zeusophobia，害怕神。

假如我們什麼都不怕，但我們好像什麼都怕。

開始的時候我問過，結束的時候我再問：假如我們什麼都不怕，你會做什麼？

IN/COMPLETE
PHOBIA GLOSSARY A-Z

a

Agoraphobia	......恐懼廣場
Ailurophobia	......恐懼貓
Amathophobia	......恐懼塵埃
Apotemnophobia	......恐懼斷肢者
Arachibutyrophobia	......恐懼花生醬黏到口腔的頂部
Arachnephobia	......恐懼蜘蛛
Arithmophobia	......恐懼數字
Autophobia	......恐懼一個人

......

b

Balllistophobia	......恐懼彈類物體
Barophobia	......恐懼地心吸力
Basophobia / Basiphobia	......恐懼步行
Batrachophobia	......恐懼兩棲動物
Belonephobia	......恐懼針
Brontophobia	......恐懼雷電

......

c

Cainsophobia / Cainotophobia	......恐懼新
Caligynephobia	......恐懼美女
Chiraptophobia	......恐懼被接觸
Claustrophobia	......恐懼幽閉
Consecotaleophobia	......恐懼筷子
Coulrophobia	......恐懼小丑
Counterphobia	......恐懼沒有恐懼

......

d

Decidophobia	......恐懼做決定
Deipnophobia	......恐懼晚宴
Dentophobia	......恐懼牙醫
Dextrophobia	......恐懼在身體右面的東西
Dishabiliophobia	......恐懼人前脫衣服
Doxophobia	......恐懼表達意見
Dromophobia	......恐懼過馬路

......

e

Eisoptrophobia	......恐懼照鏡
Electrophobia	......恐懼電
Eleutherophobia	......恐懼自由
Elurophobia	......恐懼貓
Enetophobi	......恐懼別針
Epistemophobia	......恐懼知識
Eremophobia	......恐懼孤獨

f
Febriphobia ...... 恐懼熱
Felinophobia ...... 恐懼貓
Francophobia ...... 恐懼法國
Frigophobia ...... 恐懼冷
......

g
Galeophobia / Gatophobia ...... 恐懼貓
Gamophobia ...... 恐懼結婚
Geliophobia ...... 恐懼笑
Geniophobia ...... 恐懼下巴
Genophobia ...... 恐懼性
Genuphobia ...... 恐懼膝蓋
Gerascophobia / Gerontophobia ...... 恐懼老
Glossophobia ...... 恐懼演說
Gymnophobia ...... 恐懼裸體
......

h
Hadephobia ...... 恐懼地獄
Haphephobia / Haptephobia ...... 恐懼被觸碰
Herpetophobia ...... 恐懼爬蟲
Heterophobia ...... 恐懼異性戀者
Hippopotomonstrosesquipedaliophobia ...... 恐懼長的字
Homophobia ...... 恐懼同性戀者
Hyalophobia / Hyelophobia ...... 恐懼玻璃
Hylophobia ...... 恐懼樹林
Hypnophobia ...... 恐懼被催眠
......

i
Iatrophobia ...... 恐懼醫生
Ichthyophobia ...... 恐懼魚
Illyngophobia ...... 恐懼從高處往下望
Insectophobia ...... 恐懼昆蟲
Iophobia ...... 恐懼毒藥
Ithyphallophobia ...... 恐懼勃起的陽具
......

j
Japanophobia ...... 恐懼日本人
Judeophobia ...... 恐懼猶太人

k

Kakorrhaphiophobia	......恐懼失敗
Kathisophobia	......恐懼坐下
Katsaridaphobia	......恐懼蟑螂
Koinoniphobia	......恐懼房間
Kymophobia	......恐懼浪
......	

l

Lachanophobia	......恐懼蔬菜
Laliophobia / Lalophobia	......恐懼說話
Levophobia	......恐懼在我身體左方的一切
Limnophobia	......恐懼湖
Lockiophobia	......恐懼生孩子
Lygophobia	......恐懼黑暗
......	

m

Macrophobia	......恐懼悠長的等待
Medomalacuphobia	......恐懼失去堅挺
Megalophobia	......恐懼大的東西
Melanophobia	......恐懼黑色
Mnemophobia	......恐懼記憶
Mottephobia	......恐懼蛾
......	

n

Nebulaphobia	......恐懼霧
Nelophobia	......恐懼玻璃
Nomatophobia	......恐懼名字
Nostophobia	......恐懼家
Novercaphobia	......恐懼後母
Nucleomituphobia	......恐懼核子武器
......	

o

Obesophobia	......恐懼體重增加
Octophobia	......恐懼數目字8
Oenophobia	......恐懼酒
Omphalophobia	......恐懼肚臍
Ophidiophobia	......恐懼蛇
Optophobia	......恐懼張開眼睛
......	

p

Paraskavedekatriaphobia	......恐懼13號星期五
Peladophobia	......恐懼禿頭的人
Philemaphobia / Philematophobia	......恐懼接吻
Phobophobia	......恐懼恐懼
Pluviophobia	......恐懼下雨
Pupaphobia	......恐懼木偶

r

Radiophobia	......	恐懼愛克思光
Ranidaphobia	......	恐懼青蛙
Rhytiphobia	......	恐懼皺紋

......

S

Sciophobia / Sciaphobia	......	恐懼影子
Scolionophobia	......	恐懼學校
Scriptophobia	......	恐懼在公共地方寫字
Selenophobia	......	恐懼月亮
Sociophobia	......	恐懼社會
Symmetrophobia	......	恐懼對稱

......

t

Taeniophobia	......	恐懼條蟲
Taphephobia / Taphophobia	......	恐懼活埋
Thalassophobia	......	恐懼海
Theatrophobia	......	恐懼劇場
Trypanophobia	......	恐懼打針
Tyrannophobia	......	恐懼暴君

......

u

Uranophobia	......	恐懼天堂
Urophobia	......	恐懼小便

......

v

Venustrophobia	......	恐懼漂亮的女人
Verbophobia	......	恐懼文字
Vestiphobia	......	恐懼衣服

......

W

Wiccaphobia	......	恐懼巫術

......

X

Xanthophobia	......	恐懼黃色
Xenoglossophobia	......	恐懼外語
Xenophobia	......	恐懼外地人
Xerophobia	......	恐懼乾燥

......

Z

Zelophobia	......	恐懼嫉妒
Zeusophobia	......	恐懼神
Zoophobia	......	恐懼動物

無風帶

黃進曦
風景畫家

今年九月，超強颱風襲港當日，我在家中繪畫了這幅作品，名為風眼（The Eye）。

這個颱風被稱為Perfect Storm。平時從高處觀望颱風，如果沒有把風眼定位，便難以描述整個風暴的造型。今次這個清晰的風眼既然完美，於是誘人。也許今次是我第一次見到很多香港人在打風*的時候，會審美。

那天我在畫布上安排了一艘天星小輪，讓我代入穿越風暴抵達風眼的一刻。從此，這小輪追隨著這小片的安穩，與風共存。現在再看這幅畫的時候，我仍在思考畫面所表達的究竟是勇敢還是懦弱，抑或是隨緣？不過至少肯定的，是這艘船也曾經要面對過這完美的風浪，才到達無風帶。

---

* 打風：颱風

感謝耀輝邀請我為這本《假如我們什麼都不怕》去配圖作封面。事先他並沒有告訴我他心儀的作品,幸好當我提議用這幅畫時,原來也是他的心頭好,實在難得。而書名這個問題,我有認真去想,發覺原來連想也需要勇氣。不過讀過之後,我覺得重新思考的應是害怕的價值。

黃進曦

29/12/2023 於飛機上

國家圖書館出版品預行編目（CIP）資料

假如我們什麼都不怕/ 周耀輝 作
--初版. -- 台北市：香港商亮光文化有限公司台灣分公司，2024.2
面；公分
ISBN 978-626-97879-1-3（平裝）

176.52   113000222

假如我們什麼都不怕

作者	周耀輝
攝影	Jeroen de Kloet
封面畫作	黃進曦
主編	林慶儀
出版	香港商亮光文化有限公司 台灣分公司
	Enlighten & Fish Ltd (HK) Taiwan Branch
設計/製作	亮光文創有限公司
地址	台北市大安區敦化南路一段170號2樓
電話	（886）85228773
傳真	（886）85228771
電郵	info@signfish.com.tw
網址	signer.com.hk
Facebook	www.facebook.com/TWenlightenfish
出版日期	二〇二四年二月初版
ISBN	978-626-97879-1-3
定價	NTD$450 / HKD$138